Vergeben kann man nicht müssen

Inhalt

Kapitel 1

Ein explosives Gemisch

Erstaunlich, wie wütend man
im Straßenverkehr werden kann

Parkplätze in der Innenstadt sind rar. Fahrradwege auch. Beide sind nicht überall eindeutig markiert. Weit rechts entlang der Strasse verläuft eine Fabrikmauer, davor ein gepflasterter Fußweg, zwischen diesem Fußweg und der Fahrbahn gibt es einen etwa zwei Meter breiten Streifen unbefestigten Bodens. Auf dem stehen, diagonal eingeparkt, viele, viele Autos. Ich bin in Eile und schon zweimal suchend im Karee gefahren, da schert ein Wagen aus der Reihe auf dem Seitenstreifen aus, gibt eine Lücke frei – ich hab es geschafft! Habe einen Platz ergattert. Aussteigen, vorsichtshalber ein paar Schritte nach rechts und links gehen und nachschauen: nein, kein Verbotsschild, kein Parkschein-Automat weit und breit, nichts! Glück gehabt, denke ich. Schließe den Wagen ab und gehe meinen Besorgungen nach.

Als ich wiederkomme, kleben mitten auf der Windschutzscheibe vier, fünf Aufkleber: „Parke nicht auf unseren Wegen!", steht da. Darunter das Bild eines Fahrrads, stilisiert zu einem zornigen Augenpaar.

Mein Puls geht schneller, ich werde rot. Mit dem Daumennagel kratze ich hektisch an jedem Sticker herum – vergeblich. Die Dinger kleben bombensicher.

Ich schaue verstohlen umher, ob mich jemand sieht. In meine

Wut mischt sich jetzt eine satte Portion Scham und verdichtet sich zu einem brodelnden Gebräu in mir. „Moment", mahnt mein Verstand, „ganz ruhig. Erst die Fakten."

Na ja, ein diagonal eingeparkter Wagen von knapp fünf Metern Länge ist in der Tat etwas länger, als dieser Sandstreifen breit ist. Das nach rechts eingeschlagene Vorderrad meines Autos berührt die verwitterten Pflastersteine entlang der Mauer. Aber – nützt es jetzt noch was, dies einzugestehen? Das ändert nichts an der Sachlage. Außerdem: Soll dieser holprige, grasdurchwachsene Plattenpfad ein Fahrradweg sein? Wo steht das? Auf diesem Gehsteig ärgern die Radfahrer die Fußgänger wahrscheinlich genauso, wie ich die Radfahrer – bzw. den Radfahrer – geärgert habe!

„Euch kenn ich, ihr Brüder", schießt es mir durch den Kopf. „In knallengen Hirschlederhosen mit spiegelverglasten blauen Sportbrillen rast ihr in geduckter Haltung auf sündhaft teuren Rennrädern angeberisch durch die Stadt. Fünfzig oder sechzig Stundenkilometer schnell. Ihr seid lebensgefährlich für spazierende Rentner oder Mütter mit Kinderwagen! Aber mir gegenüber, dem parknotgebeutelten Autofahrer, wollt ihr das arme Opfer spielen! Und beansprucht eure vermeintlichen Rechte, indem ihr Windschutzscheiben verschandelt: Parke nicht auf unseren Wegen. Pah!"

Ich steige ein, will losfahren. Die Aufkleber sind aber so exakt in Augenhöhe platziert, dass ich kaum etwas sehen kann. Mein Wut-und-Scham-Gemisch wird mit Ohnmacht und ängstlicher Sorge angereichert. Der selbsternannte Radwegschützer hat ganz bewusst meine Fahrsicherheit beeinträchtigt, will mich kalkuliert gefährden. Ist es eventuell jemand, der auch Radmuttern lösen oder Bremsen manipulieren würde?

„Moment", versucht mein Kopf den Topf von der Flamme zu nehmen. „Jetzt übertreibst du aber. Ein verärgerter Radfahrer ist kein Killer, okay?"

Meine Wut hält dagegen: „Der Typ – oder war es eine Frau? – muss die Aufkleber ja vorbereitet bei sich haben. Eine Bikerin, die diese Waffen ihrer Streitlust immer mit sich herumträgt wie ich meine Geldbörse oder den Wohnungsschlüssel. Eine permanent aggressive Autohasserin. Allzeit bereit, ihre arrogante Oberlehrerhaftigkeit durch Sachbeschädigung zu beweisen. Und wenn diese verdammten Bepper sich auch mit heißem Wasser und Spülmittel nicht ablösen lassen? Was kostet so eine Frontscheibe eigentlich? Zahlt das die Versicherung? Nie im Leben."

Die Heimfahrt wird zum Spießrutenlauf. Ich bilde mir ein, an jeder Ampel würden sich alle entgegenkommenden Fahrer kaputtlachen, warum jemand mit fünf Zetteln vor der Nase Auto fährt. In mein Wut-Scham-Ohnmacht-Angst-Gemisch wird jetzt noch eine Prise Demütigung gestreut. Gleich werde ich vor allen Fensterfronten unserer Nachbarn ankommen und hoffentlich von niemandem begrüßt werden ...

„Jetzt mal halblang", schüttelt mein innerer Kopf den äußeren, „du aufgeregtes kleines Hähnchen! Plusterst dich hier auf und krähst! Ein Freund deiner Tochter wurde von türkischen Jugendlichen grundlos zusammengeschlagen und lag mit gebrochenem Nasenbein im Krankenhaus. Eine Kollegin von dir wurde in ihrer früheren Redaktion dermaßen gemobbt, dass sie sich während der Arbeitszeit heulend im Klo einschloss. Es werden Frauen vergewaltigt, es werden Kinder sexuell missbraucht und ermordet. Und du jammerst wegen fünf Aufklebern!" Ich beginne mich über meinen Ärger zu ärgern.

Dieses Buch ist kein Ratgeber nach dem Motto „Vergeben – leicht gemacht".

Es gibt genügend viele davon, und ich freue mich, wenn sie Leserinnen und Lesern helfen. Aber im Unterschied dazu wurde ich gebeten, Geschichten und Beobachtungen zu erzählen, die das hehre Wort Vergebung von seinem (oft hohen) Sockel herunter und in den Alltag hineinstellen. Die seinen fern strahlenden Heiligenschein erden – und zu einer nah und warm leuchtenden Zimmerlampe machen.

Denn das kann die Vergebung sein: ein Licht, das die Räume unsere eigene Seele wieder heimatlich, unsere Familien und Arbeitsplätze bewohnbar und unsere gesellschaftliche Zukunft verheißungsvoll macht.

Vorher aber, auf dem Weg dahin, sollten wir den Begriff Vergebung getrost erst mal gegen den Strich bürsten. Gut, wenn wir dann feststellen können: Vergebung gilt. Auch in den „schweren Fällen". Aber wir wollten es uns ja nicht – zu – einfach machen:

Vergeben „kann" man nicht einfach.

In meiner kleinen Autobegebenheit konnte ich das einfach, weil es nur eine Bagatelle war und sich die Sache so leicht auflöste, wie sich die Aufkleber mit scharfen Putzmitteln auflösen ließen. Außerdem blieb und bleibt mein „Verletzer" anonym. Ich kann ihm (leider) nichts Vergebendes sagen und ihm (zum Glück) nichts Rächendes antun. Dass Täter sich mit gewissem Recht als Opfer fühlen und Opfer manchmal eine gewisse Mitschuld an ihrer Schädigung tragen, war in meinem Fall offensichtlich und deshalb locker einzugestehen.

Dass wir als Geschädigte nie nur mit den Fakten eines Konflikts, sondern immer und vielmehr mit unseren Gefühlen aus Wut, Scham und Demütigung zu kämpfen haben, bis wir uns zum Schluss mehr über unsere Reaktion als über die Tat ärgern – auch das konnte ich wegen der Beiläufigkeit der Sache schnell wegstecken.

Aber kann der zusammengeschlagene Teenagerjunge mit seinem zeitlebens bleibenden Knick in der Nase der Türkengang vergeben? Jeder Blick in den Spiegel macht das unmöglich. „Auch du kannst vergeben" – dies so lapidar einem gemobbten

Arbeitnehmer oder einer vergewaltigten Frau, einem sexuell missbrauchten Kind oder den Angehörigen eines Ermordeten zu sagen, wäre wohl eher frommer Zynismus als zuversichtliche Ermutigung.

Vergeben kann man auch nicht müssen.
Obwohl es Christen manchmal so scheint. Mit Millionen gläubiger Menschen auf der ganzen Welt bitte ich am Sonntagmorgen im Vaterunser: „Und vergib uns unsere Schuld, wie auch wir vergeben unseren Schuldigern."

Dabei empfinde ich leises Unbehagen. Weil mir etliche Menschen einfallen, denen ich eigentlich nicht vergeben habe. Oder es mir nur einrede, ihnen vergeben zu haben.

Und weil dieses „wie" im Vaterunser, dieses so selbstverständlich dahergemurmelte „wie auch wir vergeben unsern Schuldigern" einen kausalen Zusammenhang vorauszusetzen scheint, dass Gott uns *nur* dann und *erst* dann vergibt, wenn auch wir ... – Ist das so?

Dann wäre Vergebung doch eine Tugend. Eine menschliche Anstrengung, eine Eigenleistung meines edlen Charakters, mit der ich mir die Vergebung Gottes verdienen und herstellen kann: Erst muss ich mit Großzügigkeit, Güte und Versöhnungsbereitschaft zu den Tätern gehen, deren Opfer ich wurde, und dann zieht Gott nach und vergibt auch mir. Ist das so?

Dann hätte der Apostel Paulus doch im Römerbrief des Neuen Testaments geschrieben: „So sind wir nun gerecht gemacht allein aus unseren Werken."

Hat er aber nicht. Sondern: „Ohne Zutun unserer Werke sind wir gerecht gemacht allein aus Gnade." (Römer 3,23)

Gottes gnädige Nachsicht mit alldem, was Andreas Malessa im Laufe seines Lebens versäumt und versaut, sträflich unterlassen, fahrlässig verursacht und böswillig angezettelt hat – diese erstaunliche Gnade, diese vielbesungene „Amazing

Grace" ist ein vorab und konditionsfrei überreichtes Geschenk Gottes. Eine „vorauslaufende Gnade", wie Theologen sagen, eine Gnade, die ich für mich in Anspruch nehmen und gültig machen will. Aber nicht selber erzeugen oder erst auslösen muss.

Warum aber steht das „Wie auch wir vergeben ..." dann trotzdem im Vaterunser? – Weil ich weiterschenken soll, was mir geschenkt wurde und permanent geschenkt wird.

Jesus von Nazareth erzählt zur Veranschaulichung:

Ein hoher Finanzverwalter schuldet der Regierung die astronomische Summe von 24 Millionen Euro. Auf sein flehentliches Bitten hin erlässt ihm der König die Schuld. Was macht der Lump? Geht raus und steckt einen kleinen Untergebenen ins Gefängnis, der ihm läppische 150 Euro schuldet. (Matthäus 18, 23-31)

Die Empörung der Hörer damals und der Bibelleser heute ist beabsichtigt, der Lerneffekt ist klar: Wem viel vergeben wurde, der soll auch viel vergeben.

Vergeben soll und kann man wollen.

Was sich für Christen wie eine Banalität anhört, das war und ist bei den gängigen psychotherapeutischen Richtungen mindestens umstritten, meistens verpönt. Das war und ist mancherorts bei evangelischen Pfarrerinnen und Pfarrern auf die bloße liturgische Formel im Gottesdienst reduziert. Oder wird in der praktischen Seelsorge oder gar in Beichtritualen nur selten bis nie realisiert.

Vergeben kommt aber seit einigen Jahren erstaunlich in Mode, ganz ohne „christliche" Begründung, bei Ärzten, Personalentwicklern und Mediatoren in Betrieben, bei Sozialarbeitern, Familienrichtern und Pädagogen, und es ist, davon bin auch ich überzeugt, ein bis in die physische Gesundheit hineinreichender Heilungsprozess.

Schön, bloß: **Wie „geht" vergeben denn nun?**
Darauf mit ein paar Faustformeln zu antworten, die für alle überall und jederzeit praktikabel wären – das verbietet allein der Anstand. Ratsuchende, die mit immer gleich gültigen Tipps versorgt werden, sind dem Ratgeber offenbar gleichgültig. Statt eine seelsorgerische Tütensuppe mit „anrührenden" Rezepten anzubieten, möchten wir – im Bild gesprochen – lieber Freude am Kochen und Lust aufs Essen vermitteln.

Das versuchen wir im Folgenden mit *Schilderungen realer Fälle*, aus denen sich in Vorbild und Gegenbild, im Nachahmen oder im Vermeiden logische Konsequenzen für das eigene Leben ziehen lassen.

Und wir versuchen es mit *praktischen Anmerkungen*, aus denen sich Leser und Leserinnen eigene Regeln und Prinzipien ableiten können.

Der Psychotherapeut, Seelsorger und Buchautor Dr. Ulrich Giesekus hat im Laufe unserer inzwischen mehr als fünfzehnjährigen Freundschaft oft „fachmännisch" analysiert und kommentiert, was ich aus meinen Begegnungen bei Hörfunkinterviews und Fernsehtalks mitbrachte und erzählte.

Unter anderem daraus ist die Idee zu diesem gemeinsamen Buch entstanden.

Kapitel 2

Totgesagte leben länger

Wenn Krankheit den Ehebruch entschuldigen soll

Der künftige Juniorchef eines gut gehenden Schreibwarengeschäfts mit kleiner Buchhandlung und Geschenkabteilung schätzt sich glücklich, noch während seines BWL-Studiums eine Frau kennen zu lernen, deren unternehmungslustige, zupackende Art ihn ebenso fasziniert wie ihre Allgemeinbildung, ihre Sprachbegabung, ihre kluge Frömmigkeit.

Sie ist Referendarin an einem Gymnasium in seinem Studienort, unterrichtet Französisch, Deutsch und Religion. Ist beliebt in ihrer Kirchengemeinde.

Dass sie zwei Jahre älter und ein paar Zentimeter größer ist als er, sorgt für kleine Witzeleien im Freundeskreis, tut der ganz großen Liebe aber keinen Abbruch. Die beiden heiraten an einem heißen Augustsamstag in der romantischen Universitätsstadt. Man wohnt beengt, aber glücklich in den Räumen seiner ehemaligen Studenten-WG, unweit der Schule, in der sie arbeitet. Nennen wir die beiden Carsten und Ute.

Ihr erstes Kind kommt, als Carsten Examen macht. Das erste Babyjahr ist getrübt von täglichen Debatten um haushälterische Zuständigkeiten.

Carsten will so bald wie möglich in seinen Herkunftsort zurückziehen und dort das elterliche Geschäft übernehmen. Dass sich Ute – ihrem Naturell entsprechend – über die beruflichen und mütterlichen Pflichten hinaus in Schule und Gemeinde ehrenamtlich engagiert, ärgert ihn zunehmend. „Ich muss sonntags das aufarbeiten, was du unter der Woche liegen lässt", nörgelt er und hält eine spöttische Distanz zu den „Frommen".

Dann kündigt sich ein zweites Kind an. Das erste kommt in den Kindergarten. „Und da sollte es auch nicht herausgerissen werden", entscheidet Ute. Irgendwie, unausgesprochen, ist klar: Man bleibt noch mindestens drei Jahre hier, in der Universitätsstadt.

Carsten jobbt zunächst als Lagerist und wird später ein schlecht bezahlter Teilzeitverkäufer in einem Bürobedarf-Versandhaus. Er nutzt jede Gelegenheit, „nach Hause" zu fahren, wie er noch immer sagt, um sich bei den Lieferanten und Kunden seines Vaters als zukünftiger Geschäftsführer in Erinnerung zu bringen.

Als Ute von einer seltenen, offenbar noch wenig erforschten Nervenkrankheit befallen wird, die zunächst als multiple Sklerose, dann als Huntingtonscher Veitstanz und schließlich als Parkinsonsche Schüttellähmung fehldiagnostiziert wird, verändern die schweren Medikamente und Psychopharmaka ihr Empfinden und Verhalten: Geht es ihr gut, ist sie überdreht und hyperaktiv, macht irreal fantastische Vorschläge, schmiedet Urlaubspläne, kauft unkontrolliert ein und ist sexuell „allzeit bereit". Geht es ihr schlecht, lässt sie Haushalt und Kinder unversorgt, rafft sich zu nichts mehr auf, entwickelt zahllose kleine Phobien, kann nachts kaum vier Stunden schlafen, verweigert sich jeder Zärtlichkeit, macht ihrem Mann unberechtigte Vorwürfe, redet vor den Kindern über Rollstuhl und Weggehen.

Carsten ist bestürzt, „dass menschliche Eigenschaften und Verhaltensweisen derart von der Chemie manipulierbar sind" und nimmt seine Frau nicht mehr ernst. Hat kaum Mitleid, wenn sie jammert. Hat keine Freude, wenn sie jubelt.

Ute ist verletzt, dass er sich nicht auf ihre Krankheit einlässt,

„und eh nur Business, Geld und Karriere im Kopf hat", wie sie sagt.

Als Carsten – wieder mal – mit den zwei Kindern für eine Woche ins elterliche Geschäft fährt, verliebt Ute sich in ihren medizinischen Bademeister und Masseur. Seit wann und wie lange die Affäre heimlich dauert, weiß Carsten nicht genau, und obwohl er leidet wie ein Hund, unternimmt er nichts. Sich nun seinerseits mit einer Geliebten zu rächen, „würde zu viel Stress machen", sagt er einmal, „außerdem ist sie doch krank und immer noch die Mutter meiner Kinder".

Am Tag der Einschulung ihres älteren Kindes teilt Ute ihrem Mann mit, dass sie mit dem Masseur demnächst in einer Nachmittagstalkshow auftreten wird, um über die „heilsame Kraft der Liebe" zu reden.

Utes Christsein, ihr Engagement im Kindergottesdienst der Gemeinde, ihr kluges Urteilsvermögen und ihre Überzeugungen sind von diesem „Ausrasten", wie Carsten es nennt, scheinbar völlig unberührt.

Nach der Ausstrahlung der Fernsehsendung sind der Freundeskreis und die zwei Herkunftsfamilien komplett gespalten. Viele Gemeindemitglieder distanzieren sich von Ute, sind aber auch Carsten gegenüber seltsam hilflos und beklommen.

Die beiden Eheleute leben mehr schlecht als recht nebeneinander her, lesen psychologische Fachliteratur und unterhalten sich manchmal sogar darüber. Unverfänglich sachbezogene Themen ohne Tretminencharakter sind selten geworden.

Ute trifft sich mit neuen Bekannten, strebt in andere Kreise: Getrennt lebende Kolleginnen, ein ehemaliger Pfarrer, eine geschiedene Apothekerin zeigen Verständnis, nehmen sie an, wie sie ist und momentan ihre Entscheidungen trifft. Körperliche und seelische Krankheiten, entwicklungsbedingte Lebensveränderungen, „Beziehungskisten" und Zeitgeistanalysen sind das Dauerthema dieser, „ihrer" Runde.

Carsten dagegen sucht mehr als früher Solidarität und Unterstützung in jener Gemeinde, aus der sich seine Frau gerade zurückgezogen hat. Obwohl er an Wochenenden selten da ist, schätzt er in der Kirche die Lieder, die Liturgie und die Atmosphäre des Umgangs miteinander. Er will aber nicht als Trostobjekt oder rettungsbedürftige Seele bedauert werden und spürt manchmal einen gewissen Abstand zwischen sich und der „heilen Welt" vieler „braver Leute".

Die beiden gehen erst zu einem Paartherapeuten, als ihr erstes Kind in der Grundschule aggressive Verhaltensauffälligkeiten zeigt und ihr zweites Kind aus Anhänglichkeit und Angst nur jeden dritten Tag im Kindergarten bleibt. Dort aber, beim Psychologen, hört Ute, was sie hören wollte: Mit „Schuld", mit einem wie auch immer tadelnswerten Fehlverhalten, habe ihre außereheliche Liebesaffäre nichts zu tun. Und Carsten hört, was er wiederum zu hören erwartete: Mit „Vergebung", mit einem wie auch immer inszenierten Schlussstrich und Neuanfang, sei der Sache nun wirklich nicht beizukommen.

Beide Begriffe, Schuld und Vergebung, seien naiv, schablonenhaft grob, reichlich frömmlerisch und als Instrumente der Lebensbewältigung so ungeeignet wie ein Hammer zum Feilen.

Tatsächlich: In den einschlägigen Nachschlagewerken der Psychologie kamen bis vor etwa 25 Jahren die Begriffe „Schuld" oder gar „Vergebung" als ernst zu nehmende Gegenstände der Untersuchung nicht vor.

Der Wiener Psychoanalytiker Sigmund Freud entwickelte eine Theorie von der Entstehung und Bewältigung der Aggressionen, derzufolge jeder Mensch einen „inneren Bestrafer" in sich trage: das „Über-Ich", das mit seinen ständigen Strafandrohungen die Entwicklung hemmt und vor dem das „Ich" unnötigerweise Angst hat.

Diese Angst vor Strafe nenne das Ich „Schuld", meinte Freud. Die Angst sei real, die Schuld sei es nicht. Und deshalb könne man diese „so genannte Schuld", wie sie in Freuds Sprachgebrauch hieß, bestenfalls als Täuschung entlarven. Wie? In dem man sich schrittweise vom „Über-Ich" emanzipiert. Indem man sich des inneren Bestrafers entledigt.

Kurz: Wo es scheinbar keine Schuld gibt, braucht es scheinbar auch keine Vergebung.

Sehr real und obendrein sehr resistent allerdings – das war Sigmund Freud klar – sind die Schuldgefühle. Die aber seien eine Folge verinnerlichter Aggression, erklärte er, und wer es lernt, nicht mehr aggressiv gegen sich selbst zu sein, der baut auch seine lästigen Schuldgefühle ab, so Freud.

Stark vereinfacht könnte man sagen: Für Freud gibt es wenig bis nichts, was objektiv zu „vergeben" wäre. Vergeben müsse man niemandem was, sondern die Wut sollte „ausagiert" werden, Verletzungen sollten „angenommen, bearbeitet, losgelassen", möglicherweise auch „betrauert" werden, und dann würden sich auch die Schuldgefühle als das erweisen, was sie sind: unnötig nämlich.

Für den Schweizer Tiefenpsychologen Carl Gustav Jung sollte der Mensch zuallererst seiner „Pflicht gegen sich selbst" nachkommen und sich von den – womöglich religiös oder moralisch begründeten – Ansprüchen und Verpflichtungen anderer frei machen. Oder sich zumindest nicht fremdsteuern lassen.

Zwar akzeptierte Jung für spezielle Fälle die heilsame Wirkung einer typisch christlichen Beichte, aber nur als Zugeständnis an die Lösungsvorschläge des Patienten. Wenn die Beichte, als religiöses Mitbringsel aus dem Handgepäck des Patienten sozusagen, dann ein therapeutisch positives Ergebnis erzielte, war sie C. G. Jung „meinetwegen" recht.

Eine wie auch immer objektivierbare „Schuld" jedoch stand

auch bei ihm unter dem Verdacht, lediglich eine subjektive Wahrnehmung zu sein. Oder eine Fehlinterpretation von Konflikten.

Schuld demjenigen gegenüber zu „bekennen", an dem man glaubte, schuldig geworden zu sein – das hielt auch C. G. Jung für unnötig.

Eine bemerkenswert andere Haltung nahm erst Fritz Perls ein, der Mitbegründer der Gestalttherapie. Es sei „eins der vorrangigen Requisiten für unser Erwachsenwerden, unseren Eltern zu vergeben", schrieb er.

Und heute wundert man sich, wie wenig Widerhall dieser Gedanke bei seinen Schülern gefunden hat. Denn auch die Lerntheorie, aus der sich große Teile der Verhaltenstherapie entwickelten, versteht „Schuld" höchstens als „dysfunktionales Gefühl infolge verzerrter Vorstellungen". Zu Deutsch: Eine realitätsferne Sichtweise, eine verschobene Perspektive verursachten schlechte Gefühle, die unsere gesunden Lebensfunktionen stören.

Denn: Nicht das, was tatsächlich geschieht, beeinflusse unsere Gefühle am meisten, sondern die Art, wie wir deuten, was geschieht.

Lag es an diesen und anderen psychotherapeutischen „Schulen", dass Vergebung als Möglichkeit der Konfliktbewältigung zwischen Menschen immer weniger Beachtung fand? Und schließlich ganz ausgeschlossen wurde?

Oder lag es daran, dass psychotherapeutische Erkenntnisse nach und nach auch populär wurden, dass entwicklungspsychologische und sozialpädagogische Fachbegriffe aus den Universitäten und Fachhochschulen in die Wartezimmerzeitschriften und Betriebskantinen heruntersickerten?

Das, was als „Gruppendynamik", „Selbsterfahrungs-", „Ballint-" oder „Personale Interaktions-Therapie"-Gruppe in den 70er-Jahren des vorigen Jahrhunderts zunächst belächelt wurde, dann auch in kirchlichen Tagungszentren hoch willkommen geheißen und schließlich übertrieben und ideologisiert wurde – hat das dem betulich klingenden Begriff „Vergebung" einen moralinsauren Beigeschmack verliehen?

Spätestens seit Woody Allens „Stadtneurotiker" oder dem „Rosenkrieg" mit Michael Douglas und Kathleen Turner wusste man auch im letzten deutschen Vorstadtkino, dass eigentlich alle modernen Berufstätigen, Frauen wie Männer, einen Dauerliegeplatz auf der Therapeutencouch brauchen.

Von „manisch-depressiven Schüben", „tendenziell schizoiden Identitäten" oder von „entwicklungsbedingter Grenzüberschreitung in einer Aufbruchphase" plauderten inzwischen der Banklehrling am Sparkassenschalter und der Pädagogikstudent an der Uni ebenso munter daher wie die Kundin im Friseursalon mit der Frauenzeitschrift auf dem Schoß.

Nichts gegen die Demokratisierung von Wissenschaften. Erst recht nichts gegen das laienverständliche Erläutern von Forschungsergebnissen.

Aber: Hat diese halbgebildete Küchenpsychologie und Stammtischpädagogik unser Zusammenleben in einer stressiger werdenden Industriegesellschaft tatsächlich verbessert? Sind wir konfliktfähiger, verständiger, versöhnlicher geworden?

Oder muss als vorläufiges Fazit, hundert Jahre nach Sigmund Freud, gesagt werden: Nur die Verabsolutierung des Ichs, die Verminderung sozialer Verantwortung und die Relativierung ethischer Normen sind vorangekommen?

Sprich: Wir sind ruppiger und rücksichtsloser geworden, können das jetzt aber besser begründen?

Es war kein frommer Kanzelprediger, sondern die stellvertretende Chefredakteurin der Zeitschrift „Psychologie heute", Ursula Nuber, die 1993 vor einer solchen, psychologisch klug klingenden, aber letztlich asozialen „Egoismusfalle" warnte (Zürich 1993).

Aber: Wie sah, wie sieht es aus bei den Pfarrern und Priestern?

Allzu viele setzten im letzten Drittel des 20. Jahrhunderts ja nicht etwa auf dezidiert christliche Seelsorge, auf Schulderkenntnis, Beichte und Vergebung, setzten mehrheitlich nicht auf ihr „Markenprodukt mit Alleinstellungsmerkmal" im boomenden Psychomarkt, sondern allzu viele setzten sich mit auf die Woge neuer oder neu formulierter Therapieansätze und -techniken.

Nichts gegen Theologen mit psychologischer Zusatzausbildung. Wirklich nichts.

Warum aber blieb bei ihnen weithin ungehört, was schon 1975 der amerikanische Psychiater Karl Menninger in seinem provozierenden Buch „Whatever became of Sin?" („Was ist aus der Sünde geworden?") in das muntere Therapeutentreiben dazwischenrief:

„Es *gibt* Immoralität, es *gibt* unethisches Verhalten, es *gibt* unrechtes Handeln. ... So lange ich nicht erkenne und anerkenne, dass ich meines Bruders Hüter *bin*, wird die Flut menschlicher Selbstzerstörung nicht eingedämmt werden können. ... Sünde, Hass, Entfremdung, Aggression – nennen Sie es, wie Sie wollen – können durch Liebe besiegt werden. ... Die eigene Ichzentriertheit zu überwinden ist keine Tugend, es ist eine rettende Notwendigkeit."

Als die evangelische Pfarrerin Dr. Beate Weingardt dies 1998 in ihrer Dissertation „Wie auch wir vergeben unsern Schuldigern ..." zitierte, kam es manchen Kollegen wie ein archäologisches Fundstück vor.

21

Aber bevor jetzt konservative Katholiken, fundamentalistische Protestanten und fromme Psychologenhasser an dieser Stelle vorschnell frohlocken („Endlich sehen auch Freudianer ein, was wir immer schon wussten"), will ich kritisch rückfragen:

Haben denn gebetsmühlenhaft wiederholte Forderungen nach „biblischen Maßstäben", haben griesgrämige Mahnungen und Warnungen, haben freudlose Gesetzlichkeit es geschafft zu verhindern, dass unsere Gesellschaft immer ruppiger, rücksichtsloser und hartherziger wurde?

Hat eine gekränkte Besserwisserei, ein selbstmitleidiges „Wir-gegen-den-Rest-der-bösen-Welt"-Gefühl das moralische Verantwortungsbewusstsein der Leute verbessert? Oder gar die Erosion von Gemeinsinn, Solidarität und Nächstenliebe verlangsamt?

Öffentliches Wehgeschrei über „verlorene Werte und Normen" verhindert noch keine einzige Scheidung. Frommes Beteuern und Klagen machen den globalen Konkurrenzkampf in der Wirtschaft und das Betriebsklima in den Firmen nicht weniger brutal.

Aber: Was würde sich möglicherweise positiv verändern, wenn uralte, gültige christliche Praktiken wie die Beichte und der ritualisierte Vergebungszuspruch in moderne, erprobte Therapieformen integriert würden?

Seit einigen Jahren ist zu jedermanns Erstaunen in amerikanischen Fachzeitschriften von der „Challenge of Forgiveness" (der Herausforderung zu vergeben) zu lesen und wird auf europäischen Podiumsdiskussionen die „Kultur des Vergebens" beschworen.

Zehn Millionen Dollar investierte die Templeton Foundation Pennsylvania 2003 in 29 Forschungsprojekte, die vom Sozialverhalten in Schimpansengruppen über das Suchtverhalten kriegstraumatisierter Kinder bis zur Bindungsfähigkeit vergewaltigter Frauen so ziemlich alles untersuchten, was mit Vergelten, Vergessen und – Vergeben zu tun hat.

Die meisten Projektleiter kommen zu ähnlichen Ergebnissen: Anhaltender Groll und täglich neu aktivierte Bitterkeit, Rachefantasien und Wut versetzen den Körper – unabhängig von seiner sonstigen physischen Befindlichkeit – in einen Zustand, der vom Nervensystem offenbar als permanente Anspannung registriert wird und die er mit der Produktion und Ausschüttung von Stresshormonen und Adrenalin beantwortet.

Bluthochdruck, Gefäßerkrankungen, Störungen bei Leber, Galle und Milz, Magengeschwüre und Allergien werden begünstigt oder ausgelöst.

„Ich krieg die Krätze", „Mir ist eine Laus über die Leber gelaufen", „Mir kommt die Galle hoch", „Das schlägt mir auf den Magen", „Das geht mir an die Nieren", „Da krieg ich so einen Hals" – wieder einmal wusste der Volksmund bereits etwas, wofür Templeton zehn Millionen Dollar zahlte.

Aber immerhin kommen damit wichtige Erkenntnisse wieder ins Gespräch: Hilfreich sei, so die bisher veröffentlichten Ergebnisse, wenn ein Geschädigter nun nicht durch endloses „Wiederholen" oder „Wiederhochholen" seine seelischen Verletzungen, seine Demütigungen und seinen Ärger „durcharbeiten und aufarbeiten" wolle, sondern – hilfreich seien möglicherweise therapeutisch inszenierte Vergebungsrituale.

Damit nähert sich zumindest ein Teil der US-Therapeutenzunft ansatzweise dem, was in Deutschland 2003 auf einem ganz anderen Gebiet von einem „jungen Wilden" gedacht wurde:

Als der Soziologe und Sozialpsychologe Harald Welzer, Professor an der Universität Witten-Herdecke, wissen wollte, wie unser menschliches Gedächtnis funktioniert, befragte er in 142 Interviews deutsche Familien nach ihrer Weitergabe von Erinnerungen aus dem Dritten Reich. Und schrieb dann das Buch „Opa war kein Nazi". In einem Gespräch mit der Holocaust-

Überlebenden Eva Mozes Kor, die ein Opfer der grässlichen Menschenversuche des KZ-Arztes Josef Mengele war, fiel der Satz, sie „erlebe es als befreiend, dem Täter zu vergeben".

Dazu Welzer: „Die Ideologie (!) des Durcharbeitens und Konfrontierens schreibt den Opferstatus fest, obwohl sie ihn zu beseitigen vorgibt."

Der empörte Aufschrei aufgeklärter Psychoanalytiker und der Vorwurf, hier werde Schuld und Schmerz relativiert oder verdrängt, folgten prompt.

Aber: Ein Trend kündigt sich an.

Und ob der nun vom langsamen Ausstieg aus einer dogmatisch freudianischen Psychoanalyse her kommt oder ob die Kinder und Enkel der 70er-Jahre-Gruppendynamiker es zunehmend müde sind, alles Schuldigwerden immer nur als Störung, Krankheit, verzerrte Wahrnehmung, Delinquenz oder schlicht umfeldbedingte Zwangshandlung zu interpretieren – Tatsache ist, dass „Vergebung" als eine offenbar heilsame Option der Seelenhygiene neu entdeckt und bewertet wird.

Als Alternative zur Verdrängung. Als Alternative zur Rache. Vor allem aber als ein Weg, der den Geschädigten ins Freie führen könnte.

Totgesagte Therapieformen leben länger.

Zurück zu Ute und Carsten. Utes Krankheit kam durch wohldosierte Medikation und Änderung ihres Lebensstils zu einem passablen Stillstand. Aus psychischen Gründen aber musste sie den Schuldienst quittieren. Kaum war sie von Carsten geschieden, wurde sie von ihrem Bademeistermasseur verlassen.

Heute lebt sie mit neuem Freund in einer norddeutschen Großstadt. Ihre Berufsunfähigkeitsrente als ehemalige Beamtin und das Einkommen ihres Lebensgefährten sind der Grund für nur geringe Unterhaltszahlungen ihres Ex-Mannes, zumal sich die Kinder im befragungsfähigen Alter für ein Leben beim Vater entschieden hatten.

Carsten zog in seine Heimatstadt, ließ sich von seinen inzwischen greisen Eltern die Firma überschreiben und rettete diese vor der drohenden Insolvenz. Als „alleinerziehender Vater und workaholic Single", wie er sich freimütig nennt, habe er weder Lust auf eine neue Beziehung noch Zeit dafür.

Vergebung – nicht als Lippenbekenntnis, sondern als ein jahrelanger Prozess der langsamen Deeskalation, der Versachlichung und schrittweisen Befriedung – ja, das sei eingetreten, meint Carsten.

Bei der Konfirmation seines Jüngsten habe man das festgestellt. Als alle respektvoll vereint erst in einem bewegenden Gottesdienst und dann bei einer harmonischen Familienfeier beieinander saßen und miteinander lachen konnten.

Kapitel 3

Vergeben kann man wollen

Erst ein Entschluss – und dann das Gefühl.
Und vielleicht ein Vertrag

Der Zwang, vergeben zu müssen, führt in den Krampf. Unbewältigte Verletzungen werden verdrängt, Schuld wird verleugnet, Traumata werden verinnerlicht, Heilung wird verhindert. Manche lösen die „Ich-muss-vergeben-Falle", indem sie sich selbst zum Schuldigen machen.

Aber Vergebung passiert auch nicht von alleine. Im Gegenteil: Vergebung ist ein Prozess, der aktive Anstrengung erfordert. Die Steuerung dieses Prozesses erfolgt nicht über Gefühle (über die wir nicht unmittelbar verfügen können), sondern über Wahrnehmungen, Einstellungen und innere Haltungen, für oder gegen die wir uns entscheiden. Die Gefühle ändern sich dann in der Regel zeitverzögert von alleine – sie ziehen gewissermaßen nach.

Was hindert Menschen daran, sich zur Vergebung zu entscheiden?

Oft stehen irrationale Überzeugungen im Hintergrund. Zum Beispiel die Überzeugung, dass die Vergebung geheuchelt sei, wenn die Gefühle von Ärger, Angst oder Scham, die man als Opfer erlebt, noch da sind. Oder dass man nur vergeben könne, wenn der Täter seine Schuld eingesteht und um Verzeihung gebeten hat. Oder dass, wer wirklich vergeben hat, auch vergessen müsste. Auch die Erwartung, sofort vergeben zu müssen, steht einem echten Vergebungsprozess oft im Weg. Nicht zuletzt sehen manche in der Vergebung ein Zeichen von Schwäche, befürchten, dass der andere ungeschoren davonkomme, oder dass er die Vergebung nicht verdient hätte. Die Liste ließe sich verlängern.

Was alle diese Überzeugungen gemeinsam haben ist, dass Menschen, die nicht vergeben wollen oder meinen es nicht zu können, sich Begründungen zurechtlegen, warum das nicht geht. Und: dass sie erst auf das Eintreten eines Gefühls warten, statt mit einem willentlichen Entschluss voranzugehen – dem dann die Gefühle folgen können.

Der bekannte Psychologe Reinhard Tausch hat Anfang der 90er festgestellt, dass es so gut wie keine Forschungen über Vergebung gab. Er hat 1993 als einer der Ersten in Deutschland wissenschaftlich untersucht, was Vergebung bewirkt, wie sie abläuft und wie man Vergeben lernen kann. Dabei beobachtete er, dass Vergebung Zeit braucht: Bei den siebzig Personen, die er in einer Studie untersuchte, brauchten 27% der Befragten Jahre, bei 40% bewegte sich der Zeitrahmen in Monaten, und 23% konnten in einigen Tagen zu einer Vergebung kommen. Dabei spielt die Art der Verletzung sicherlich eine Rolle und auch die Tatsache, ob der andere sich entschuldigt hat; möglicherweise ist das aber nicht entscheidend. Menschen sind eben unterschiedlich: So, wie sie Stress allgemein auf ihre individuelle Weise wegstecken, reagieren sie auch unterschiedlich auf Traumatisierungen durch andere Menschen.

Wenn Vergebung ausgesprochen wird, führt das zu beobachtbaren Änderungen im Denken, Fühlen und im Verhalten. Die Gedanken kreisen nicht mehr um das geschehene Unrecht, und Rachefantasien lassen nach; trotzdem wird das geschehene Ereignis nicht ignoriert oder verdrängt.

Eine wesentliche Hilfe zur Vergebung ist es, wenn Menschen beginnen, sich aus dem Grübeln über die Geschehnisse zu lösen.

Sie beginnen darüber nachzudenken, wie sie sich die Beziehung zu der anderen Person in der Zukunft wünschen. Ihr Kopfkino wird nicht mehr beherrscht von Bildern der Vergangenheit, und in den Vordergrund geraten die Erwartungen und Bedürfnisse, die sie an eine zukünftige Beziehung haben: „Ich fände es gut, wenn ..." Dabei wird es auch zu Einsichten darüber kommen, welchen Anteil das Opfer daran hatte, dass die Verletzung geschehen konnte und wie sich das in Zukunft vermeiden ließe. Auch das wirkt befreiend.

Manchmal kann vor dem Entschluss zur Vergebung eine diffuse Angst im Hintergrund zu spüren sein, dass Vergebung die zukünftige Beziehung im Ungleichgewicht von Täter und Opfer belässt. Aber: Das Gegenteil ist wahrscheinlicher. Es ist hilfreich, diese Ängste ernst zu nehmen und ihnen auf den Grund zu kommen.

Stellen Sie sich einen solchen inneren Dialog vor:

Was passiert, wenn ich meinem Vater vergebe?
Dann müsste ich meine Wiedergutmachungswünsche aufgeben.
Was passiert, wenn ich diese Wünsche aufgebe?
Dann bräuchte ich andere Beziehungen, in denen ich mich geborgen fühle.
Was passiert, wenn andere Menschen mir nahe werden?
Dann könnten die mich auch wieder enttäuschen.
Was passiert, wenn andere mich enttäuschen?
Dann müsste ich irgendwie selbst für mich sorgen.
Was passiert, wenn ich selbst für mich sorge?
Dann muss ich Verantwortung übernehmen. Und das macht mir Angst.
Das ist okay – ich darf Angst haben. Aber sie soll mich nicht daran hindern, mein Leben soweit möglich so zu gestalten, wie ich es gerne hätte.

Solche und ähnliche inneren Dialoge bringen voran – weil sie an der Zukunft orientiert sind und neue Perspektiven entdecken lassen.

Es ist sicher genauso wichtig, Dialoge nach außen zu führen: das Gespräch mit anderen Menschen, die Trost spenden können. Aber auch das Gespräch mit Gott. Eine Form des Gebetes, die die Bibel für solche Situationen kennt, ist die Klage. Ich darf Gott mein Leid klagen, ich darf meine Zweifel und Fragen an ihn richten, ich muss nicht so tun, als wäre ich jemand anderes. Ich kann Gott alle meine Gefühle nennen.

Für viele Christen ist die Klage aus dem Gebetsrepertoire verschwunden. Manche befürchten, dass sie durch das Äußern ihrer Klagen die Beziehung zu Gott belasten würden. Für Christen, die das Klagen wieder lernen müssen, ist es hilfreich, sich eines der biblischen Klagegebete (z. B. Ps. 88, Ps. 22, Ps. 73) zum eigenen Gebet zu machen oder sich nach diesem Vorbild selbst einen Klagepsalm zu schreiben.

Wer sich zur Vergebung entschieden hat, kann sich auch helfen, indem er einen Vertrag mit sich selbst unterschreibt:

Ich, _____, habe berechtigte Ansprüche an _____, der/die mir Unrecht getan hat.

Ich verzichte ab sofort darauf, diese Ansprüche einzufordern, und werde den/die Täter nicht zur Rechenschaft ziehen.
Ich übergebe meine Forderungen an Gott und bitte ihn ein für alle Mal, für mein Recht zu sorgen.
Meine Gefühle von Wut, Ärger, Schmerz und Trauer dürfen sein. Sollten sie mich dazu bringen, Rachegedanken zu hegen, werde ich mir diesen mit mir selbst geschlossenen Vertrag in Erinnerung bringen.
Insofern mir klar wird, dass ich selbst Mitschuld trage

an dem Geschehenen, werde ich – unabhängig von entsprechenden Verhalten anderer – diese Schuld eingestehen, und, wenn möglich, die betroffenen Personen um Verzeihung bitten.

Ort, Datum, Unterschrift

Da unsere Gefühle viel stärker von inneren Bildern als von rationalen Überzeugungen geprägt sind, ist es oft hilfreich, auch die Vergebung mit starken inneren Bildern zu verknüpfen. Eine Frau, die von ihrem Mann betrogen wurde, konnte sich helfen, indem sie einen „Schuldbrief" schrieb:

„Du hast mir vor Gott und den Menschen feierlich versprochen, treu zu sein, bis dass der Tod uns scheidet. Dieses Versprechen hast du gebrochen und mir damit Unrecht getan. Was du getan hast, kannst du nie wieder gutmachen, und du wirst immer in meiner Schuld stehen."

Diesen Schuldbrief hat sie dann begraben und sich einen besonders schönen „Grabstein" an die Stelle gelegt. Wenn die Gefühle von Trauer, Scham und Schmerz in ihr hochkamen, konnte sie in Wirklichkeit oder in Gedanken an ihr Grab gehen. Ein Ort der Trauer bringt das Verlorene nicht zurück, aber er hilft dabei, den Verlust anzunehmen.

Häufig sind die inneren Bilder, die in uns hochkommen, die mit der Verletzung verbundenen Situationen. Man kann dagegen *nicht* ankämpfen, indem man versucht, diese Bilder nicht zu haben.

„Versuchen Sie jetzt bitte, sich unter gar keinen Umständen vorzustellen, wie eine Fliege über Ihren linken Unterarm krabbelt. Denken Sie bitte *nicht* daran!" – Juckt es schon? Gleich werden Sie sich kratzen …

Man kann Bilder aber durch andere ersetzen. Mit der bewussten Entscheidung, wohin man seinen Blick richtet. Es ist möglich, sich „auf Kommando" an Bilder zu erinnern, die die Vergebung wachrufen und nicht die Verletzung. Es ist möglich, sich Situationen zu vergegenwärtigen, die den Täter in anderen, angenehmeren Situationen zeigen – auch diese gehören zu seinem/ihrem Leben.

Vergebung kann man wollen. Das heißt nicht, dass man die verletzten Gefühle auf Knopfdruck an- oder ausstellen kann. Aber: Sie werden wieder Programmdirektor Ihrer eigenen inneren Bühne!

Kapitel 4

Alles zu spät: der Faktor Zeit

Von verhindertem Glück
und einem klugen Italiener

Ein junges Mädchen im zerbombten Frankfurt am Main verliebt sich im April 1945 in einen US-Soldaten. Ihre Eltern sind bestürzt, sind strikt gegen die Verbindung, schämen sich anfangs vor Freunden, dass ihre Tochter ein „Kaugummi-Liebchen" geworden ist. Eines Tages ist ihre Tochter schwanger. „Jetzt lässt er dich sitzen!", vermuten die Eltern. Aber – der junge Sergeant kümmert sich vor und nach der Geburt fürsorglich um Mutter und Kind. Er organisiert Besuchszeiten und Aufenthaltsräume in der Kaserne für seine Frau und das Kind, er sucht Kontakt zu ihren Eltern, man schmiedet Zukunftspläne. Dann wird er relativ kurzfristig mit seiner Einheit zurückbeordert in die USA. Nennen wir das Paar Tom und Elisabeth.

Er verspricht, die nötigen Papiere für eine Auswanderung und Heirat recht bald zu schicken. Sie schreibt ihm beinahe täglich glühende Liebesbriefe. Aber: Die wichtigen Unterlagen kommen nie. Auch ihre Briefe bleiben unbeantwortet. Nach und nach muss sich die junge Mutter damit abfinden, eine sitzengelassene Alleinerziehende zu sein. Telefonieren, und dann noch nach Übersee – in den Hungerjahren bis 1949 für Normalbürger ein Ding der Unmöglichkeit.

Elisabeth heiratet drei Jahre später einen deutschen Kriegsheimkehrer, mit dem sie zwei weitere Kinder bekommt. Knapp zwanzig Jahre schiedlich-friedlichen Ehelebens gehen ins Land, da stirbt ihre alte Mutter. Nach der Beerdigung nimmt eine Nachbarin sie beiseite:

„Jetzt kann ich es Ihnen ja sagen: Ihre Mutter hat damals, kurz nach dem Krieg, alle Briefe von diesem Amerikaner abgefangen. Und, so weit das möglich war, Ihre Briefe an ihn ebenfalls. Sie hat den Kontakt unterbunden, weil sie nicht wollte, dass Sie in die Fremde auswandern. Sie wollte eben nicht, dass die einzige Tochter nur alle Jubeljahre mal kommt und das Enkelchen ein Amerikaner wird."

Völlig schockiert versucht die Frankfurterin, ihren ehemaligen Freund in den USA ausfindig zu machen, bekommt aber nur die Telefonnummer seiner Mutter heraus. „Wissen Sie noch, wer ich bin?", fragt Elisabeth die greise Dame am anderen Ende der Leitung. „Ja natürlich weiß ich noch, wer sie sind", sagt die amerikanische Oma, „Sie sind jene treulose Deutsche, die meinem Tom ein unglückliches Leben beschert und ihm sein Kind vorenthalten hat. Sie waren die erste ganz große Liebe meines Sohnes. Er hat danach nie geheiratet."

„Kann ich ihn sprechen?"

„Leider nein. Er ist vor zwei Jahren bei einem Autounfall tödlich verunglückt."

Die Geschichte von Tom und Elisabeth, notiert bei den Recherchen zur Fernsehdokumentation „Kriegsbräute" im Mai 1995, ist für mich eine anschauliche Metapher, was mit „Sünde" im Neuen Testament gemeint ist:

Weil eine gute Nachricht nicht ankam, verlief das Leben schlechter, als es hätte laufen können. Weil eine „frohe Botschaft" böswillig unterdrückt oder nachlässig vergessen wurde, kam es zu einer „Zielverfehlung", wie das griechische Wort für „Sünde" übersetzt werden müsste: Hamartia.

Die tragische Geschichte der „Kaugummi-Kriegsbraut" verdeutlicht aber auch, welcher ergänzende Zusatz dem Sprichwort „Die Zeit heilt manche Wunden" fehlt: Die schlichte Erkenntnis, dass wir nur *ein* Leben haben und dass der Sand im Stundenglas unaufhaltsam weiterrieselt.

Natürlich kann es ratsam sein, in oder nach einem Ehekrach z. B., erst einmal etwas Abstand zu gewinnen und zu warten, bis sich der Pulverdampf verzogen hat. Denn: „Manchmal ist die kürzeste Entfernung zwischen einem Problem und seiner Lösung eine gut durchschlafene Nacht", so die pragmatischen Polen. Oder zwei so normal wie möglich durchlebte Arbeitsalltage, möchte man hinzufügen.

Wer immer (!) und alles (!) sofort (!) „klären" möchte, klärt meist nichts, sondern vertieft die Wunden, schüttet Salz hinein und setzt den Konfliktpartner unter geradezu erpresserischen Zeitdruck.

Die Zeit „heilt" vielleicht keine Wunden, aber sie schenkt ihnen Ruhe zum Vernarben. Diese mögliche Karenzzeit, dieser erholsame Abstand von einem Konflikt und voneinander sollte jedoch kurz befristet sein. Je länger man „sich aus dem Weg geht", umso mehr Zeit zum Wuchern haben nämlich auch Selbstmitleid und vorwurfsvolle innere Monologe, Rachefantasien und dramatische Inszenierungen. Die Fronten verhärten sich, kleine Ansatzpunkte zum Einlenken oder gar zur Versöhnung geraten in Vergessenheit, und das lähmende Gift feindseliger Gedanken verbreitet sich über immer mehr Lebensbereiche.

Deshalb sollten wir uns beeilen mit dem Vergeben. Bevor es tatsächlich und unabänderlich „zu spät" ist, wie die Geschichte aus dem Nachkriegsfrankfurt zeigt:

Für Elisabeth gab es nichts mehr zu „vergelten". Sie konnte ihre verstorbene Mutter nicht zur Rechenschaft ziehen.

Es gab nichts mehr zu vergeben. Die Mutter wollte zeitlebens nichts bekennen, jetzt konnte sie sich nicht mehr bei Elisabeth und Tom entschuldigen.

Es gab auch nichts mehr zu vergessen. Ein Mann blieb zeitlebens einsam. Ein Kind lernte seinen leiblichen Vater nie kennen. Eine Frau wird für den Rest ihrer Tage davon träumen, was gewesen wäre, wenn …

Wie sich dieses nachträglich entdeckte „ungelebte Leben" auf ihre bestehende Ehe in der Folgezeit auswirkte, wissen wir nicht.

Wenn es nichts mehr zu vergeben gibt – gibt es dann wenigstens Grund zu hoffen?

Interessanterweise hat das Neue Testament für „vergeben" zwei verschiedene Vokabeln: die eine, die eine rückwärtsgewandte, vergangenheitsbezogene Vergebung meint – im Sinne von „tilgen", „löschen", „hinter sich lassen".

Und eine, die eine vorwärtsgewandte, zukunftsbezogene Vergebung ausdrückt – im Sinne von „ausstatten mit Vorschussvertrauen", „Chancen zuerkennen", „Zuversicht schenken".

Vom italienischstämmigen New Yorker Bürgermeister Fiorello LaGuardia – sein Vorname bedeutet „Kleine Blume", er war tatsächlich nur 1,65 m groß, amtierte von 1933 bis 1947 und galt als unkonventioneller Kämpfer für die Aufnahme von jüdischen und anderen Flüchtlingen aus Nazideutschland – wird eine Anekdote erzählt, die dieses neutestamentliche Verständnis von Vergebung verdeutlicht:

Der gelernte Jurist LaGuardia musste als Richter in einem Strafprozess einen wohnungslosen Stadtstreicher wegen Mundraubs und Taschendiebstahls verurteilen. Und sein Urteil hörte sich so an:

„Ich verurteile Sie zu fünfzig Dollar Strafe …" (*Nichts wird bagatellisiert, das Gesetz bleibt in Kraft.*)

„Die Gerichtsdiener werden jetzt durch die Reihen gehen und diesen Betrag von den hier Anwesenden einsammeln. Das spenden Sie, meine Damen und Herren, stellvertretend für alle, die es zulassen, dass manche Arme in dieser Stadt ihr Essen stehlen müssen, um satt zu werden." (*Die Schuld und der Schuldige werden nicht isoliert betrachtet.*)

„Angeklagter, nehmen Sie diesen Betrag als Startkapital für eine ehrliche Existenz. Ich will Sie nie wieder vor Gericht sehen!" (*Der Schuldige braucht mehr als nur rückwärtsgewandte Tilgung, er braucht auch zukunftsgewandtes Vorschussvertrauen.*)

Kapitel 5

Ich mein's ja nur gut mit dir

Was tun, damit aus Fürsorge kein Terror wird?

Der Weg zur Hölle ist mit guten Absichten gepflastert. Und manchmal fällt Vergebung schwer, weil das Opfer beim Täter diese guten Absichten durchaus wahrnimmt. Das ist besonders häufig in der Beziehung zwischen Eltern und Kindern der Fall. Der stereotype Satz „Ich will doch nur dein Bestes" heißt dann: „Du darfst mir nicht böse sein, weil ich es ja nicht böse gemeint habe."

Vermutlich würde Elisabeths Mutter das auch für sich in Anspruch nehmen: nicht aus Eigennutz gehandelt zu haben, sondern aus dem Grund, bewahren und schützen zu wollen. Wie tief saß bei ihr möglicherweise die Wirkung der Kriegs- und Vorkriegspropaganda, die Amerikaner seien dekadent und hätten keine Kultur? Waren sie wirklich Befreier oder doch eher Besatzer? Und konnte sie sich vorstellen, dass es für Elisabeth und ihr Kind wirklich gut wäre, in einer anderen Welt zu leben als in der ihr vertrauten? Mit einem vollständigen Bruch von allen Menschen, die bisher wichtig waren? Für Elisabeths Mutter war ja nicht absehbar, dass es nur wenige Jahre später schon möglich sein würde, einen Flug von Frankfurt nach New York zu buchen. In der damaligen Zeit war doch alles nicht absehbar ... Später kann man leicht sagen, dass die Einmischung in das Leben der Tochter wahrscheinlich ein viel glücklicheres Leben verhindert hat. Später sieht man vieles. Aber wie sah das zum damaligen Zeitpunkt als Zukunftsperspektive aus?

Die Erfahrung von Elisabeth und Tom ist bewegend. Nicht nur, weil so viel Tragik geschehen ist – sondern weil wohl jeder, der mit Eltern aufgewachsen ist, im kleinen oder größeren Maß ähnliche Erfahrungen gemacht hat. Manche werden aus Fürsorge in einen Beruf gedrängt, der nicht zu ihnen passt. Viele Ehen leiden ein Leben lang darunter (oder zerbrechen daran), dass Eltern sich „schützend" in die Ehe einmischen, bei der Kindererziehung mitreden oder ständig auf der Matte stehen. Aber auch weniger drastisch: Viele haben Schulkameraden beneidet, die alleine in Urlaub fahren durften – während sie selbst mit den Eltern gotische Kirchengebäude bestaunen durften. Oder es schien so, als ob alle anderen viel mehr durften, später zu Hause sein mussten, kurz: Freiheiten hatten, nach denen man sich selbst gesehnt hatte.

„Du weißt doch, dass ich nicht einschlafen kann, bevor du wieder zu Hause bist". Dieser an einen jungen Erwachsenen gerichtete Satz – elterliche Fürsorge und ihr gutes Recht oder Manipulation?

Müsste diese Mutter nicht sagen „Es tut mir Leid, es fällt mir schwer, dich loszulassen, aber das ist wirklich mein Problem und nicht deines. Also versuche bitte, meine neurotischen Sorgen und Ängste nicht noch zu fördern, und nimm auf sie Rücksicht. Komm heim, wenn du es richtig findest, und ich werde dann schon irgendwann lernen einzuschlafen ..."

Doch, natürlich müsste sie das sagen. Und es ist natürlich ebenso in Ordnung, ein dem Alter des Kindes angemessenes Nachhausekommen einzufordern. Aber eben ehrlich: „Ich traue es dir noch nicht zu, die Kontrolle über dein Nachtleben selbst zu übernehmen, und erwarte, dass du um Mitternacht wieder zu Hause bist."

Klar: Wer selbst Kinder hat, wird mit den eigenen Eltern oft wieder barmherziger. Das ändert aber nichts daran: Ungerechtfertigte Bevormundung ist Sünde, auch wenn sie im Namen der Liebe geschieht.

Vor einigen Jahren saß in meiner Praxis eine ältere Dame. Nennen wir sie einmal Frau Müller. Sie war auf strenge Weise gläubig, und ihr Vokabular war stark geprägt von „frommen Floskeln". Sie war gekommen, um sich beraten zu lassen, wie sie ihrer erwachsenen Tochter „helfen" könnte. Sie sah manches, was in der Erziehung der Enkel schief lief (wahrscheinlich sah sie es sogar einigermaßen realistisch) und wollte von mir eine Art „Expertengutachten", um die Richtigkeit ihrer „besseren" Erziehungsmethoden zu untermauern.

Als ich ihr anbot, ihr zu helfen, war sie erfreut – allerdings musste sie dann doch einige Male kräftig schlucken, als sie merkte, in welche Richtung meine Hilfe ging.

Plötzlich und unerwartet sah sie sich konfrontiert: „Frau Müller, Sie machen sich schuldig. Bekennen Sie diese Schuld vor Gott und den Menschen, vor denen Sie schuldig sind. Tun Sie Buße, kehren Sie um von Ihrem bösen Weg. Bitten Sie Ihre Tochter und Ihren Schwiegersohn um Verzeihung. Und dann sorgen Sie sich bitte um Ihr eigenes Leben, um Ihre Ehe und um Ihre Aufgaben. Bringen Sie sich mit Ihren Gaben und mit Ihrer Liebe dort ein, wo Sie nicht durch die Hintertür mit Ihrer Fürsorge andere beherrschen. Lassen Sie sich von Gott helfen, ein wirklicher Diener Jesu Christi zu werden."

Das war ihre Sprache – und sie hat sie auch verstanden. Als systemisch ausgebildeter Familientherapeut rede ich normalerweise anders und hätte vielleicht eher gesagt, dass ich in der Familie ungesunde Strukturen und Bindungen wahrnehme und ihr vorschlage, eine Loslösung und mehr innere Distanz anzustreben. Dass sie die Defizite in ihrer eigenen Persönlichkeitsentwicklung kompensiert, indem sie in ihrer Mutterrolle verharrt. Dass sie sich auf gute Weise selbst verwirklichen muss, ihre Tochter loslassen und den Sinn ihres eigenen Lebens finden soll. – Das ist das gleiche wie „die eigenen Gaben entdecken" und „ein wirklicher Diener Jesu Christi" zu werden.

So wie Bevormundung im Deckmantel der Fürsorge auftritt, erscheint Herrschaft im Schafsfell der Selbsthingabe mit dem Vokabular des Glaubens. Das macht aber die Bevormundung nicht weniger zerstörerisch, die Herrschaft weniger tyrannisch oder die Sünde weniger gottlos. Aber es macht die Konfrontation – und damit auch die Vergebung – schwerer.

Wer Unrecht vergeben möchte, muss es zuerst einmal beim Namen nennen. Fürsorge, Liebe und Hingabe kann man nicht vergeben. Bevormundung, Tyrannei und Manipulation schon.

Ach übrigens: Frau Müller war nicht nur erschrocken, sondern sah im Spiegel etwas, was ihr gar nicht gefallen hat – aber hat dafür nicht den Spiegel ausgeschimpft. Sie ließ sich auf einen seelsorgerlich-therapeutischen Prozess ein, bei dem es um sie, um ihr Leben und ihre Beziehungen ging.

Ein paar Jahre später besuchte sie einen Vortrag, den ich hielt. Im Anschluss kam sie zu mir und berichtete, wie gut sich ihre Beziehung zu ihrer Tochter und zum Schwiegersohn entwickelt hätte, auch die eigene Ehe, und dass sie nun in ihrer Gemeinde Deutschkurse und Schulaufgabenhilfe für Aussiedlerkinder durchführe. Komisch – ich fand, sie sah auch gut zehn Jahre jünger aus als vor fünf Jahren.

Bei Elisabeth und Tom gab es nichts mehr zu klären. Mit dem Tod der Mutter wurde erst deutlich, dass die Leben spendende und bewahrende mütterliche Fürsorge längst in eine lebensfeindliche Bevormundung gekippt war.

Für viele andere ist es noch nicht zu spät – aber der erste Schritt zur Versöhnung, nämlich Unrecht als Unrecht zu erkennen und es auch so zu benennen, das gelingt ihnen genauso wenig. Manche Opfer „schützen" ihre Täter vor der Wahrheit und verhindern damit nicht nur das bessere Gelingen des eigenen Lebens, sondern auch ein besseres Leben der Täter.

Jesus ist da erstaunlich klar: „Wenn jemand wider dich sündigt, gehe zu ihm und weise ihn darauf hin; *wenn* er auf dich hört, so hast du ihn gewonnen" (vgl. Matth. 18).

Es gibt freilich keine Garantien: Man muss manchmal riskieren, dass es beim Versuch der Klärung zum endgültigen Bruch von Beziehungen kommt. Aber in der Klärung liegt die einzige Chance zu einer echten Neuorientierung.

Kapitel 6

Kein Wort mehr jetzt!

*Gefährliche Bekenntnisse
und Gottes letztes Wort*

„Man kann nicht *nicht* kommunizieren." So lautet der erste Lehrsatz der Kommunikationstheorie, die die so genannte „Palo Alto Gruppe" formuliert hat. Namhafte Wissenschaftler – u.a. Paul Watzlawick, Virginia Satir, Jay Haley und Gregory Bateson – wollten damit klar machen, dass auch „nicht reden" eine Form der Kommunikation ist.

Das heißt: Auch wer nichts sagt, teilt etwas mit. „Ich kann, möchte, oder darf dazu nichts sagen." Eisiges Schweigen kann im Extrem als emotional intensive Form der Bestrafung ein echter Psychoterror sein. Nicht zuhören, ignorieren oder der Rückzug auf Banalitäten, das ist die destruktivste Art und Weise, einen Ehekrach auszufechten. Eltern, die ihre Kinder mit Schweigen strafen, können diese schlimmer traumatisieren, als wenn sie ausflippen und sich hinterher vielleicht für ihre unbeherrschte Reaktion entschuldigen.

In der Familientherapie gilt: Wer aufmerksam zuhört, achtet nicht nur auf das, was gesagt wird, sondern auch auf das, was nicht gesagt wird. In Beziehungen sind die „Löcher im Käse" oft aufschlussreicher als „der Käse" selbst.

Wer nicht mehr miteinander reden kann, verzichtet damit nicht auf Beziehung – sondern lebt eine oft ausgesprochen unausgesprochene Feindschaft. Gräben werden tiefer, Vorurteile nachhaltig zementiert. „Mit dem kann man nicht reden" bedeutet nicht Bewältigung, sondern Kapitulation und Hilflosigkeit in Beziehungen, die fortan ohne Aussicht auf Heilung bleiben. Hinter dem völligen Rückzug steht oft der Wunsch nach emotionaler Distanz – und die damit verbundene Hoffnung, mit größerem Abstand nicht mehr so verletzbar zu sein. Oft genug gelingt das nicht: Das Kopfkino wird beherrscht von Bildern und Fantasien, die um die verkrachte Beziehung kreisen. Rachefantasien und unbewältigte Wut lassen den Blutdruck steigen.

Ein Beobachter des Friedensprozesses zwischen Ägypten und Israel berichtete, was in „Camp David" nebenbei passierte: Nach anstrengenden Verhandlungen und festgefahrenen Argumenten ihrer Ehemänner trafen sich spät in der Nacht die drei Ehefrauen der Verhandlungspartner, weil sie nicht schlafen konnten, im Morgenmantel an der frischen Luft einer lauen Sommernacht. Rosalynne Carter, Jehan Sadat und Leah Rabin – bisher Vertreterinnen nationaler Interessen – begegnen sich im Nachthemd und beginnen, als Frauen und Menschen miteinander zu kommunizieren. Wie gut, dass mächtige Männer manchmal kluge Frauen an ihrer Seite haben.

Was würde passieren, wenn Israelis und Palästinenser sich gegenseitig nicht nur in den Schlagzeilen begegnen würden, begleitet von Bildern des Hasses und der Zerstörung, sondern häufiger von Mensch zu Mensch? Wenn es in der Gesellschaft mehr Menschen vom Schlage des begnadeten israelischen Pianisten und Dirigenten Barenboim gäbe, der Konzerte und Musikunterricht für Palästinenserkinder veranstaltet? Oder näher zu Hause: wenn Skinheads und Flüchtlinge sich wirklich kennen lernen würden und entdeckten, dass sie beide im gleichen Boot sitzen – und dass dieses Boot nicht voll ist, aber von einer sich auf der Titanic amüsierenden Gesellschaft hilflos treibend auf dem Meer zurückgelassen wurde? Oder, vielleicht noch etwas näher, wenn wir uns entscheiden würden, den „unsympathischen" Kollegen nach Hause einzuladen, anstatt uns am Mobbing in der Abteilung mindestens stillschweigend zu beteiligen?

Konfliktbewältigung setzt voraus, dass man miteinander redet. Verständlich, dass weltpolitisch engagierte Psychotherapeuten immer wieder versucht haben, diese Erfahrung auch in politischen Auseinandersetzungen zum Tragen zu bringen und Feinde an einem Tisch zu versammeln.

Während meines Psychologiestudiums an der Universität von La Jolla bei San Diego / Südkalifornien hatte ich gute Kontakte zu leitenden Mitarbeitern des „Center for the Studies of the Person", kurz CSP, und ihrem Begründer und Vordenker Carl Rogers. 1984 wurde ich eines Tages von ihnen gebeten, einem aus Südafrika geflohenen weißen Militärpsychologen namens Keith Ventress bei der Wohnungssuche zu helfen.

Was war geschehen? Carl Rogers und sein Team hatten die Methode des so genannten „Encounter in Großgruppen" auch im damals noch streng rassengetrennten Südafrika angewendet, um Schwarze und Weiße miteinander ins Gespräch zu bringen.

Sie wollten sich eben nicht politisch und rassisch etikettiert als Schwarze und Weiße, sondern als Personen begegnen. Denn: Wer miteinander redet, dem fällt es schwerer, aufeinander zu schießen.

Das aber sollten weiße Polizisten und Militärs im Apartheidsystem durchaus können. Und dafür war Keith Ventress vorgesehen. Seine Aufgabe: traumatisierte weiße Soldaten nach einem bewaffneten Kampf wieder „fit" zu machen, sie von der Richtigkeit und Notwendigkeit ihres gewalttätigen Vorgehens gegen „aufständische" Schwarze zu überzeugen.

Nun nahm Keith Ventress aber an den CSP-Veranstaltungen teil. Er lernte schwarze Menschen als Menschen kennen. Hörte von ihren Ängsten, ihren Sorgen, ihren Hoffnungen und Bedürfnissen. Und sagte: „Mein Beruf kommt mir absurd vor. Es geht nicht mehr. Ich kann und will weiße Ordnungskräfte nicht mehr dahingehend therapieren, dass sie das Unrecht richtig finden. Und von dem, was wir anrichten, nicht traumatisiert werden!"

Da flatterte ihm eine Vorladung zum Verhör beim Inlandsgeheimdienst ins Haus. Geheimagenten der Regierung hatten sich in Carl Rogers' Gruppe eingeschlichen und die Gespräche der Encountergruppe auf Tonband mitgeschnitten! Jetzt plagten den berühmten US-Psychologen Carl Rogers schwere Zweifel:

„Wir hätten mit so was rechnen müssen. Ich hätte nicht zulassen dürfen, dass sich hochrangige Staatsbedienstete so tief gehend offenbaren und zu persönlichen Entscheidungen kommen, die sie gefährden."

Von der Richtigkeit der Veranstaltung an sich war er ebenso überzeugt wie von Keith Ventress' Gesinnungswandel. Aber: Die Amerikaner hatten die Gefährlichkeit eines Staates unterschätzt, der nicht nur die schwarze Mehrheit drangsalierte und unterdrückte, sondern auch deren weiße Sympathisanten.

Rogers rettete Ventress mit einem Trick: Sein Institut in San Diego verlieh dem Militärpsychologen eine wissenschaftliche Anerkennung, eine Ehrenauszeichnung. Die ermöglichte ihm sowohl eine Ausreise aus Südafrika als auch die Einreise und berufliche Anerkennung in den USA.

Keith Ventress hatte verstanden, dass es im Leben manchmal solche zugespitzten Entscheidungssituationen gibt: Man gehört zu den Tätern oder an die Seite der Opfer.

Ich kenne Teenager, die im Rosenkrieg ihrer Eltern ähnliche Entscheidungen getroffen haben: Sie lassen sich nicht für eine Seite einspannen, bleiben gegenüber beiden Eltern offen. Manche werden dafür bestraft, indem sie die Liebe beider Eltern verlieren. Eltern, die nach einer Scheidung nicht mehr miteinander reden, ertragen es oft nicht, dass ihre Kinder weiterhin auch mit dem anderen herzlich verbunden sein wollen. Und doch bin ich überzeugt, dass diese Jugendlichen am Ende besser und seelisch gesünder dastehen, wenn sie sich selbst treu bleiben und den Streit der Eltern den Streit *der Eltern* sein lassen. Auch wenn der Preis zunächst vielleicht hoch ist.

Tatsache ist: Es gibt sie, die Situationen, in denen Worte versagen. Sendepause – weil man die Erfahrung macht, dass jede andere Kommunikation zur Eskalation führt. Der andere kann mich nicht verstehen und ich ihn nicht. In einer berühmten Begebenheit der frühen Kirchengeschichte heißt es von den Aposteln Paulus und Barnabas, dass sie „hart aneinander gerieten" und danach getrennte Wege gingen (vgl Apg. 15). Ob sie ihren Streit noch in dieser Welt klären konnten – wer weiß.

Der christliche Glaube sieht eine endgültige Klärung allen Streits im „Jüngsten Gericht". Da das Urteil dieser Gerichtsverhandlung bereits gesprochen und vollstreckt wurde – vor knapp 2000 Jahren an einem Kreuz außerhalb von Jerusalem – ist die Frage berechtigt, warum diese letzte Gerichtsverhandlung dann noch nötig ist. Jedenfalls muss danach niemand mehr zweifeln, wer sich an wem wann und wie schuldig gemacht hat.

Ein Himmel, in dem alle Beziehungen absolut und eindeutig geklärt sind ... ich denke, der verdient diesen Namen.

Es gibt also Beziehungen, die in der Tiefkühltruhe bleiben werden – weil wir das Tauwetter nicht bewältigen könnten. Als Christ bin ich mir bewusst und bin froh darüber, dass dieser Zustand niemals wirklich endgültig sein wird. Und wenn es uns wirklich nicht gelingt, ihn auf der Erde zu bewältigen, steht über unserem Versagen die Zusage Gottes eines neuen Himmels und einer neuen Welt, in der er mit uns leben will.

Kapitel 7

Verabsolutierung und Absolution

Zwischen Sonnenkönigen und Suizidkandidaten

Vom Wikingerhäuptling Olaf Tryggvason ist in Norwegen außer seinem Taufdatum im Jahre 995 vor allem eine Episode bekannt: Er habe im Vorbeireiten einen am Wegesrand stehenden Bauern mit dem Schwert geköpft. Was denn der Fußgänger verbrochen hätte, wurde König Olaf gefragt. Und seine Antwort war: „Er stand grad so günstig!"

Was ein „absolutistischer Herrscher" ist, wird im Geschichtsunterricht gern an Ludwig XIV. von Frankreich oder am legendären „Alten Fritz", Friedrich von Preußen, verdeutlicht. Wobei sich diese Regenten bei aller selbstherrlichen Willkür immerhin noch als „aufgeklärte" Absolutisten verstanden, die zumindest pro forma einer christlichen Werteordnung und einer staatlichen Verfassung gegenüber rechenschaftspflichtig waren. Die gänzlich ungezügelten Exzesse absolutistischer Despotie aber fanden im 20. Jahrhundert statt: als Adolf Hitler und Josef Stalin, Pol Pot und Idi Amin, Ceaucescu in Rumänien, Pinochet in Chile, Mobutu im Kongo und Duvalier in Haiti mit blutigem Terror Leichenberge nie gekannten Ausmaßes hervorbrachten.

Ihnen und ihren Schergen fehlte jeweils das, was sich jeder Kriminalbeamte und jeder Richter, was sich jedes Opfer und jeder Hinterbliebene von einem Täter erhofft: Unrechtsbewusstsein, die Ahnung oder gar das Wissen um die eigene Schuld und Verantwortung, die Einsicht, dass weder Ideologie noch Religion, weder Staatsräson noch zwingende Umstände ihre Verbrechen rechtfertigen, also ent-schuldigen können.

Einem notorisch Unschuldigen aber kann man nicht vergeben.

Jugendrichter, Sozialarbeiter und Hauptschullehrer beklagen bisweilen, unsere Gesellschaft werde zunehmend von lauter kleinen Sonnenkönigen bevölkert, von sich selbst verabsolutierenden Jugendlichen ohne Unrechtsbewusstsein.

In ihrer Erziehung blieben Taten und Untaten offenbar folgenlos, wurden Sanktionen zwar angedroht, aber nie verhängt; handelten Eltern und ältere Geschwister in einem scheinbar verantwortungsfreien Raum. Die Folge: eine Gewissensbildung, die etwa der von Wikingerkönig Olaf Tryggvason entspricht.

Wer aber jedwede Schuld stereotyp zurückweist, kleinredet und verdrängt, erntet nicht etwa den beabsichtigten Freiraum, sondern wird über kurz oder lang gefühlskalt, verhärtet, heuchlerisch und letztlich beziehungsunfähig.

Parallel dazu, so beobachten es Jugendpsychologen, nimmt aber die Kehrseite des Phänomens zu: dass Schuld verabsolutiert wird und sich Aggression in Autoaggression umkehrt, dass sich Kinder und Jugendliche die Haut ritzen, magersüchtig oder depressiv werden oder sogar suizidgefährdet sind.

Ein junger Forstbediensteter fährt morgens mit dem Geländewagen durch ein Waldgebiet. Schemenhaft sieht er im Frühnebel einen Fußgänger vor sich, bremst scharf ab, schlittert aber auf nassem Laub auf ihn zu. Wenige Stunden später weiß er, dass er den Vater zweier Kinder totgefahren hat. Die Witwe findet durch eine Indiskretion der Polizei seine Telefonnummer heraus und schreit und weint am Telefon. Das Gericht spricht den Forstangestellten vom Vorwurf der fahrlässigen Tötung frei, weil das Unfallopfer sturzbetrunken war und man um die Uhrzeit in einer Schonung keine Spaziergänger erwarten muss, aber: Der Unfallfahrer macht sich den Freispruch nicht zu Eigen. Er wird psychosomatisch krank und hält sich eines Nachts den Lauf seines Jagdgewehrs in den Mund.

Ichverneinung, Opferrituale und Selbstbestrafung bis hin zur Selbsttötung sind nur das gegenüberliegende Extrem, aber keine Alternative zur Selbstvergötterung.

Interessanterweise stehen sich in der biblischen Passionsgeschichte des Jesus von Nazareth die beiden Extrempositionen in zwei prominenten Figuren gegenüber: Pontius Pilatus, der als Vertreter römischen Rechts vor der Lynchjustiz des gröhlenden Mobs eingeknickt ist, aber „seine Hände in Unschuld wäscht", und Judas, der seinen Freund für einen sprichwörtlichen Judaslohn verraten hat und sich anschließend an einem Baum erhängt.

Stellt sich die Frage: Was ist denn die Alternative, die lebensförderliche Mitte zwischen Selbstvergötterung und Schuldvergötterung?

Der Begriff „Absolution" stammt aus der Praxis kirchlicher Beichte und meint wörtlich: Lossprechung. „Ego te absolvo" – ich binde dich los, sagt der Priester oder der Pfarrer und meint: Ich vergebe dir.

Entscheidend daran ist, dass es eine dritte Person, eine nicht in den Konflikt verstrickte Instanz, ausspricht.

Und, dass er oder sie eine autoritative, eine „amtliche", eine gültige Vergebung ausspricht. Im Falle der klassischen Beichte im Namen Gottes. Im Falle einer psychotherapeutischen Mediation im Namen der Opfer. Im strafrechtlichen Fall im Namen des Gesetzes und des Volkes.

Insofern ist Vergebung gerade in Zeiten absolutistischer Extremhaltungen eine realistische Option, finde ich.

Kapitel 8

Und Kriegsverbrecher, Massenmörder?

Trost nach dem Unverzeihlichen

Am 7. April 2004 jährte sich der Beginn des Völkermords in Ruanda zum zehnten Mal. In nur 100 Tagen Bürgerkrieg wurden mehr als 800000 Menschen ermordet. Rund 40 % von ihnen wurden nicht von den bewaffneten Killerkommandos der regierenden Hutu-Partei erschossen, sondern von ihren Nachbarn mit Macheten und Äxten zerstückelt. Etwa 2 Millionen der insgesamt 8 Millionen Ruander, so schätzt man heute, sind Täter oder Mittäter.

Der damals in Kigali amtierende UNO-General Romeo Dallaire erhielt auf seine verzweifelten Hilferufe nur die Order aus New York, nichts zu tun. Dieses schlimmste Versagen der Vereinten Nationen seit ihrem Bestehen trieb den Frankokanadier später bis zum Selbstmordversuch.

Für Beobachter unfassbar ist aber auch, was seither in Ruanda geschieht: Zigtausende Mörder legten Geständnisse ab und erwarten nach ihrer Entlassung aus langjähriger Haft nun das Urteil der traditionellen Dorfgerichtsbarkeit, der so genannten „Gacacas".

Vergleichbar der mobilen „Wahrheitskommission" in Südafrika, die Täter und Opfer der Apartheid zusammenführte, sind in Ruanda jetzt „Solace Ministries" unterwegs, so genannte „Trostdienste": Kirchliche und humanitäre Teams bringen traumatisierte Überlebende zum Sprechen, bieten Rechtsbeistand in Prozessen, vermitteln Unterkünfte und Schulgeld für Waisenkinder, verteilen Kleinkredite für Existenzgründer.

Hört man lange und geduldig genug Hutus und Tutsis zu, warum und wie die Schlächter von einst und die Verstümmelten von heute in ihren Dörfern zusammenleben und miteinander umgehen können, fällt über kurz oder lang das Wort „Vergebung".

Das daraufhin ungläubige Kopfschütteln europäischer Journalisten kennt Jean Gakwandi schon, der Leiter der „Trostdienste", und er räumt ein paar populäre Missverständnisse aus:

Vergebung bedeute nicht, dass das Unrecht am besten nicht als Unrecht gebrandmarkt würde. Wer verdrängt und verschweigt, entzieht der Vergebung die Grundlage.

Vergebung bedeute auch nicht, dass die Tat folgenlos bliebe. Strafe und Wiedergutmachungsleistungen sind die notwendige juristische Seite. Vergebung und Versöhnung die ebenso notwendige psychologische. Oft münde Vergebung auch in eine geklärte und für beide Seiten heilsame Trennung und Distanznahme. Damit Verletzer und Verletzter nicht mehr Haus an Haus wohnen oder einander ständig treffen müssen.

Vergebung beginne nicht erst dann, wenn der Schmerz und die Wut abgeflaut oder die Rachefantasien verschwunden wären, so Jean Gakwandi. Weil niemand seine Gefühle und inneren Bilder ausknipsen könne, dürfe der Täter durchaus mit der vollen Wucht der Opferemotionen konfrontiert werden – aber eben vor Vergeltung geschützt und von der Versöhnungsabsicht herausgefordert.

Vergebung, so die Erfahrung vieler ruandischer Gesprächsmoderatoren und Mediatoren, belaste nicht etwa die Opfer (*mit der Pflicht, eine moralische Leistung vollbringen zu müssen*) und entlaste den Täter (*von seiner Schuld*), sondern im Gegenteil: Vergebung befreie den Geschädigten (*von zersetzenden Hassgefühlen und lähmender Bitterkeit nämlich*) und verpflichte den Verursacher (*zur Einhaltung der Versöhnung oder zur Erfüllung verabredeter Bedingungen nämlich*).

Zehn Jahre nach dem Massaker von Ruanda und erst wenige Jahre nach Beginn der juristischen und psychologischen Aufarbeitung ist es vielleicht noch zu früh, gesicherte und übertragbar anwendbare Erkenntnisse und Erfahrungen aus den „Gacaca"-Prozessen und den „Trostdiensten" zu formulieren.

Eins aber lässt sich bereits jetzt sagen: Wir vermeintlich zivilisierteren Europäer oder Amerikaner haben keinen Anlass mehr, Vergebung als frommes Ideal oder weinerliche Demutsgeste zu belächeln.

Menschen in spiegelverglasten Bürotürmen westlicher Wirtschaftszentren müssen keinen marodierenden Mob mit Macheten und Äxten fürchten. Sind aber hinter ihrer solargebräunten Fassade manchmal Opfer ihrer seelischen Verletzungen, ihrer Hass- und Rachegefühle aus Ehe-Rosenkriegen, leiden unter den Demütigungen, gemobbt zu werden, und unter der Angst, finanziell abzustürzen. Vergebung als eine reale Option seelischer Gesundung und sozialer Versöhnung zu begreifen – das könnte eine hektisch aggressiver werdende westliche Gesellschaft von den Ruandern lernen.

Kapitel 9

Rache ist nicht süß

Warum Gott sagt: Überlasst es mir!

Am 1. Juli 2002 um 23.35 Uhr kollidierte über dem Bodensee bei Überlingen eine aus Moskau kommende Tupolew-Passagiermaschine mit einer aus Bahrein kommenden Frachtmaschine vom Typ Boeing 757. Einundsiebzig Menschen, die meisten davon russische Kinder auf dem Weg in die Ferien, fanden den Tod. Im Kontrollraum des Flughafens Zürich Kloten saß der 36-jährige dänische Fluglotse Peter N. alleine, weil sein Kollege kurzzeitig den Raum verlassen hatte. Die Telefonanlage und einige Monitore der Firma „Skyguide" wurden gerade gewartet und waren außer Betrieb.

Können wir verstehen, dass er einen Flüchtigkeitsfehler machte und etwas übersah? Jederzeit, klar. Können wir ihm vergeben? Nein, das könnten nur die Angehörigen der Opfer.

Am Dienstag, dem 24. Februar 2004, kurz vor 18.00 Uhr, erstach ein 48-jähriger Kaukasier aus der Stadt Wladikawkas in Ossetien den Fluglotsen Peter N., Vater von drei Kindern, vor seiner Wohnung in Zürich. Der Mörder hatte in der Flugzeugkatastrophe vom 1. Juli 2002 seine Ehefrau, seinen elfjährigen Sohn und seine vierjährige Tochter verloren.

Können wir die Wut und Verzweiflung eines tragisch verwaisten Vaters verstehen? Sicherlich. Können wir ihm seinen Racheakt vergeben? Nein, niemals.

„Tout comprendre, c'est tout pardonner", also „Alles zu verstehen, heißt alles zu verzeihen" – dieses Sprichwort ist falsch. Es missdeutet das Verstehen als eine schuldauflösende geistige Leistung und missversteht die Vergebung als lockeres Schulterklopfen.

Wenn ein Richter sich aber bemüht, Täter, Tat und Tatumstände richtig zu verstehen, dann mit dem Ziel, die Schuld zu gewichten und das Strafmaß recht zu bemessen. Wenn ein Opfer oder seine Angehörigen sich bemühen, Täter, Tat und Tatumstände richtig zu verstehen, dann mit dem Ziel, ihr subjektives Verletztsein, ihren Verlust und ihren Schmerz zu objektivieren und die Möglichkeit zur Vergebung recht einzuschätzen.

Vergebung setzt ein Verstehen der Schuld voraus, zieht eine Tilgung der Schuld aber erst nach sich. In dieser Reihenfolge. Und: Vergebung ist eine sinnvolle und heilsame Alternative zu Verdrängung und Rache.

Im französischen Kinofilm „Der Sohn" kommt ein siebzehnjähriger entlassener Jugendstraftäter zur Resozialisierung in die Werkstatt des Tischlermeisters Olivier. Dessen kleiner Sohn wurde vor Jahren ermordet und in Olivier verdichtet sich während der dreijährigen Ausbildung seines neuen Lehrlings der Verdacht, dass ihm das Jugendamt irrtümlich den Mörder seines Kindes in den Betrieb geschickt hat. Dass er es war, dieser introvertierte Junge mit dem Milchgesicht und dem rotblonden Bürstenhaarschnitt!

Sobald der Zuschauer dies begreift, wartet man auf die Rache des Tischlermeisters. Jeder Tag böte Gelegenheit zu einem inszenierten Arbeitsunfall oder wenigstens einem rasenden Gefühlsausbruch. Stattdessen „überwindet Olivier den Schock des Verlustes durch den Schock der Vergebung", wie die ZEIT den Film rezensierte. „Warum hier verziehen wird, werden wir nie erfahren, denn Olivier ist sich selbst ein Rätsel. Ein grandioser Film über Rache, die unterbleibt."

„Rache", schreibt der schwarze amerikanische Baptistenpastor und Friedensnobelpreisträger Dr. Martin Luther King, „Rache ist mir nicht radikal genug. Sie geht nicht an die radix, die Wurzel des Problems, sondern verhindert, was sie erreichen will – Friede mit sich und den anderen nämlich – und erreicht, was sie vermeiden will – neues Elend, neue Gewalt nämlich.

Nein, Rache ist nicht süß. Wenn Täter Opfer sind und Opfer auch Mittäter, dann gibt es für sie nur: Vergebung."

Na gut, sagte ich mir vor Jahren beim Lesen dieser Martin-Luther-King-Zeilen, zu so viel Milde und Klugheit bin ich nach einem erlittenen Unrecht aber nicht imstande! Ich habe ein Satisfaktionsbedürfnis, ich will Genugtuung, ich will ausgleichende Gerechtigkeit! Und ich stellte fest:

Die biblischen Appelle zu Gewaltlosigkeit, Nächstenliebe und Vergebungsbereitschaft haben nicht allein und nicht immer den „stillen Dulder" als Menschenbild vor Augen, sondern wenden sich mit einem erstaunlichen Trost an zornige Geschundene:

Im vergifteten Klima römischer Christenverfolgungen schreibt Paulus an die Christen in Rom, dem Zentrum des menschenverachtenden Regimes: „Ist es möglich, so viel an euch liegt, dann haltet mit allen Menschen Frieden. Rächt euch nicht selbst, Geliebte, sondern gebt Raum dem Zorn Gottes. Denn es steht geschrieben: Mein ist die Rache, spricht der Herr, *ich* will vergelten." (Römer 12, 18.19)

Kapitel 10

Gesunde Schuldgefühle

Wie weckt man Unrechtsbewusstsein und Reue?

Ohnmächtige Wut und flammender Rachedurst sind ernst zu nehmende, starke Gefühle. Wenn wir aber einmal nicht an extreme Katastrophen wie den ruandischen Völkermord 1994 oder das Flugzeugunglück über dem Bodensee 2002 denken, sondern an die vielen kleinen und mittleren Scharmützel unseres Alltags, dann müssen wir noch ein genaueren Blick auf unsere Gefühle rund um den Begriff Schuld werfen:

Seelisch gesunde Menschen fühlen das, was in der Wirklichkeit geschieht: Wenn sie einen Verlust erleben, trauern sie. Wenn ihnen jemand schadet, ärgern sie sich. Wenn eine Gefahr droht, empfinden sie Angst. Wenn Schönes passiert, sind sie froh, wenn etwas schief läuft, frustriert. Wenn sie Unrecht tun, fühlen sie sich schuldig.

Seelische Störungen zeigen sich dagegen immer darin, dass Gefühle und Wirklichkeit nicht übereinstimmen: Es gibt unrealistische Ängste, stressbedingte Gereiztheit, Ärger, den man an Unbeteiligten ablässt. Es gibt depressive Verstimmung ohne nachvollziehbaren Verlust oder manische Euphorie ohne freudigen Anlass. Und es gibt Schuldgefühle, obwohl man nichts Böses getan hat. Oder auch fehlende Reue bei Menschen, die anderen nachweisbar Unrecht zugefügt haben.

Gefühle sollten also so etwas sein wie Lämpchen im Cockpit eines Autos – da gibt es rote, die bei Bremsversagen warnen; grüne, die signalisieren, dass die Blinker oder Nebellampen an sind, blaue fürs Fernlicht und gelbe für die Nebelschlussleuchte. Gefühle sollten signalisieren: Hier ist alles in Ordnung – oder hier stimmt etwas nicht.

Die Funktion von gesunden Gefühlen geht aber darüber hinaus, nur unsere Aufmerksamkeit auf etwas zu lenken oder uns zu informieren. Gefühle motivieren auch zum Handeln. Wer etwas fühlt, möchte automatisch das eigene Verhalten dem Gefühl entsprechend ausrichten: Wer Freude erlebt, ist motiviert, das Erlebte zu wiederholen und sich anderen mitzuteilen. Wer trauert, zieht sich in seine vertraute Umgebung zurück und schafft damit Raum für Erholung, Trost und die notwendige Verlangsamung des Lebens. Angst macht uns vorsichtiger, und Ärger motiviert uns, die Quelle des Ärgers zu beseitigen. Langeweile lässt uns nach Stimulierung suchen. Schuldgefühle bringen uns dazu, um Verzeihung zu bitten, Beziehungen zu klären und Wiedergutmachung zu leisten.

Einige der oben genannten Gefühle sind bereits beim Neugeborenen deutlich zu beobachten. Das heißt, die Fähigkeit, bestimmte Reize als z. B. Gefahr, Verlust oder Wohltat zu erleben, führt unabhängig vom kulturellen Hintergrund zu typischen Ausdrucksformen der entsprechenden Emotionen, die auch überall auf der Welt verstanden werden: Schrecken, Freude, Angst und Ärger kann jedes Baby zeigen.

Ganz anders ist das bei komplizierteren Emotionen, zu denen das Schuldgefühl gehört. Gesundes Schuldempfinden setzt voraus, dass

1. eine verinnerlichte Moral, also persönliche ethische Überzeugungen, vorhanden sind, und

2. dass man sich in die Erlebniswelt des Opfers hineinversetzen kann.

Wenn Menschen also keine Schuldgefühle erleben, obwohl sie anderen seelischen oder körperlichen Schmerz zufügen, ist eine dieser beiden Bedingungen wahrscheinlich gestört: Entweder, sie sind davon überzeugt, richtig zu handeln – oder sie können nicht mitfühlen. Meistens kommt beides zusammen.

In der bisherigen Erfahrung der Psychotherapie ist die erstgenannte Fähigkeit zu einer verinnerlichten Ethik bisher eher ein Stiefkind in der Behandlung. Das Problem: Meistens sind Psychotherapeuten eher mit depressiven oder zwanghaften Menschen konfrontiert, die sich wegen allem und jedem schuldig fühlen, und deren verinnerlichte Moral dem Grundsatz folgt „Ich bin ein durch und durch schlechter, unwürdiger Mensch, und alles, was ich tue, ist falsch." Von daher sind Psychotherapeuten viel eher daran, bei ihren Patienten übermäßig strenge und unbarmherzige Gewissensbisse zu beheben. Dass Störungen sich auch darin zeigen können, dass Menschen von ihrem Gewissen nicht oder zu wenig gebissen werden, stellt Psychotherapeuten dann jedoch vor ein Problem.

Es gibt nämlich keine weltanschaulich neutrale und allgemein als realistisch akzeptierte Moral. Ob also ein Mann, der seine Frau betrügt und deswegen Schuldgefühle hat, sich damit „neurotischen Schuldgefühlen hingibt" – oder ob ihm beim Fehlen solcher Schuldgefühle ein Stück seelische Gesundheit fehlt, ist nur über die Frage zu entscheiden, ob Fremdgehen nun wirklich Unrecht ist oder nicht.

Die Beurteilung von Schuld oder Unschuld ist eine Frage des Glaubens (egal, ob dieser Glaube durch religiöse Einstellungen geprägt ist), aber nicht des objektiven wissenschaftlichen Beobachtens.

Wie werden Recht und Unrecht definiert? Während die meisten Menschen sich einig sind, dass sexuelle Handlungen an Kindern Missbrauch darstellt, gibt es ebenso Menschen, die davon überzeugt sind, dass „Kinder das wollen und brauchen". Während aus der Außenschau der SS-Lagerkommandant, der jüdische Häftlinge zum Spaß erschießt, ein Unmensch ist, glaubt er selbst, im Dienst von Volk und Vaterland zu handeln und dabei einer hohen Pflicht zu gehorchen. Während autoritäre Eltern, die ihre Kinder verprügeln, von anderen als grausam erlebt werden, sind sie selbst davon überzeugt, aus Liebe zu handeln.

Moral kann nie von dem definiert werden, der gerade betroffen ist. Natürlich gibt es gesellschaftliche Normen, die sich z. B. in der Gesetzgebung wiederspiegeln. Was allerdings für den Betroffenen voraussetzt, dass er sich mit dieser Gesellschaft identifizieren und ihre Gesetze und Normen verinnerlichen muss, um sich schuldig fühlen zu können, wenn er diese bricht.

Die Entwicklung von Moralempfinden findet allerdings viel früher in der Entwicklungsgeschichte des Menschen statt, als Juristen und Gesetze einen wesentlichen Einfluss darauf haben. Die ersten Lebensjahre sind entscheidend. Die Fähigkeit zu einem gesunden Schuldempfinden entsteht in der Familie. Wenn die Eltern zu streng sind und alles verbieten, was Spaß macht, entwickeln sich zwanghafte und depressive Persönlichkeiten mit ständigen Schuldgefühlen. Wenn die Eltern das Kind vernachlässigen oder verwöhnen und es daher in der Erfahrungswelt des Kindes kein „Gut" und „Böse" gibt, entwickelt sich auch kein Schuldgefühl.

Kommen wir zur zweiten Grundbedingung für Schuldgefühle, der Fähigkeit, die Perspektive eines anderen zu übernehmen und als Beobachter mitzufühlen. Diese Fähigkeit ist zwar bereits bei Affen ausgeprägt, aber bei manchen Menschen offenbar nicht. Das kann seine Ursachen darin haben, dass in der Lebensgeschichte eines Menschen z. B. Leid und Lust miteinander verbunden waren. Sadistische Impulstäter haben fast immer eine Geschichte sadistischen Missbrauchs. Prügler wurden geprügelt – und haben oft keine andere Form körperlicher Nähe erlebt; für sie war es manchmal besser, geschlagen zu werden, als gar keine Kontakte zu haben.

Opfer werden Täter und bedingen damit einen endlos scheinenden Kreislauf, der manche Familien über Generationen hinweg prägt.

Nicht nur in der Kindheit gibt es prägende und tief gehende Erlebnisse – sondern auch im späteren Leben. Das heißt: Glücklicherweise sind Veränderungen auch dort möglich, wo in der Kindheit Verletzungen, Vernachlässigung oder Verwöhnung ihre Spuren hinterlassen haben. Solche „korrektiven emotionalen Erfahrungen" sind natürlich nicht nur oberflächlich, sondern verändern den Menschen in der Tiefe, weil sie selbst tief gehen.

In der Biografie des jungen Marinesoldaten Antwone Fisher, die auch als Dokumentation von Denzel Washington produziert wurde, wird das eindrücklich geschildert. Kurz nach der Ermordung seines Vaters wird Antwone im Staatsgefängnis für Frauen geboren, von seiner drogensüchtigen Mutter nach Absitzen ihrer Strafe nie abgeholt, von Waisenhäusern zu Pflegefamilien hin und her geschickt, und entwickelt die erste feinfühlige und tragfähige Beziehung seines Lebens zu einem Navypsychiater, der den wiederholt wegen Prügelei verhafteten Mann begutachten soll. Und Antwone erlebt in dieser Beziehung das, was ihn verändert: einfühlsame und wertschätzende Zuwendung.

Auch wenn es für Opfer zunächst wie Hohn aussehen mag, in brutalen Tätern *auch* Opfer zu sehen – wenn das nicht gelingt, kann man den Opfern in ihrer Not wohl kaum helfen. Rache zu üben – das dreht den verhängnisvollen Kreisel ein wenig schneller.

Nebenbei bemerkt: Ob das Opfer es kann, ist vielleicht nicht einmal vordringlich wichtig – aber es muss Menschen geben, die den Tätern mit Verständnis und Liebe begegnen, damit auch bei ihnen Heilungsprozesse geschehen können. Was positive Folgen nicht nur für die Täter hat:

Ein Ergebnis der Heilung bei Tätern wird unweigerlich auch sein, dass sie beginnen, für ihre eigenen Taten Reue und Schuld zu empfinden. Und das ist gesund.

Kapitel 11

Wohin mit mir?!

Ein Inzestopfer schützt sich vor dem Hass

„Das ist sie!", sagt die jugendliche Mutter und zeigt auf ihr Kleinkind Ulrike.

„Die sieht ja ganz normal aus!", staunt die Besucherin aus der Nachbarschaft.

„So, jetzt kannst du wieder gehen." Das kleine Mädchen ist entlassen, die Besichtigung beendet.

Ähnliches Staunen löst Ulrike immer wieder aus, denn: Sie ist körperlich gesund und geistig fit, obwohl sie ein Inzestkind ist.

In einem katholischen Dorf Mitte der Fünfzigerjahre lebt ein angesehener Werbezeichner. Er hat den „Nivea"-Schriftzug erfunden und den „Erdal"-Frosch für Schuhcreme. An der Fassade seines Hauses prangt der Engel Gabriel, sonntags geht die Familie in die Messe und an Fronleichnam zur Prozession. Mit dem Priester der Kirchengemeinde ist man gut befreundet, im Gemeinderat hat das Wort des erfolgreichen Künstlers Gewicht. Als die Grundschule renoviert wird, stiftet er ihr ein großes Wandbild. Dass dieser ehrenwerte Mann die älteste von drei Töchtern vergewaltigt, seit sie sieben Jahre alt ist, weiß keiner.

Mit dreizehn jedoch wird das Mädchen schwanger. Als man die Schwangerschaft entdeckt, ist es für eine Abtreibung zu spät.

Und schon jetzt beginnt das, was die erwachsene Ulrike

vierzig Jahre später „meine vorgeburtliche seelische Schädigung" nennen wird:

„Alle hassen mich. Für meine leibliche Mutter und gleichzeitige Schwester bin ich das Kind, das sie nie wollte, weil sie selber noch ein Kind war.

Für meinen Vater und gleichzeitigen Großvater bin ich das Kind, von dem er befürchten muss, dass es ihn in den Knast bringt. Für seine Ehefrau, meine Großmutter mütterlicherseits und gleichzeitige Mutter meiner Schwester, bin ich der Beweis eines verbrecherischen Ehebruchs ihres Mannes. Für die Öffentlichkeit bin ich das Kind, das es nie hätte geben dürfen."

Vater und Ehefrau setzen ihre Tochter unter Druck, zu erzählen, sie sei von einem unbekannten Täter vergewaltigt worden. Doch die Vierzehnjährige verpetzt die Wahrheit. Als das Gemunkel im Dorf unüberhörbar wird, erklären die Eltern ihre Tochter für unzurechnungsfähig und beantragen ihre Einlieferung in eine Psychiatrie. Stattdessen aber gibt es eine Strafanzeige gegen den Vater.

Und das Gericht, bei dem der kluge Werbezeichner früher selbst Schöffe war, verurteilt ihn zu zweieinhalb Jahren Gefängnis.

Seine Teenagertochter kommt in ein katholisches geschlossenes Heim. Und gehört im Sprachgebrauch der späten Fünfzigerjahre damit zu den „gefallenen Mädchen". Dort verbleibt sie bis zu ihrem achtzehnten Lebensjahr.

Die kleine Ulrike aber, das Inzestkind, bleibt daheim. Bei ihren anderen Schwestern und bei jener Frau, „die ich für meine Mutter hielt", wie sie bis heute sagt. Bei ihrer Pflegemutter bzw. ihrer Großmutter also, für die Ulrike nur „das Kind der Sünde" ist, „die Blutschande".

„Unter Hitler hätte man dich für Versuchszwecke genommen!" Die Kleine versteht natürlich nichts, entwickelt lediglich ein riesiges Schuldgefühl. Sie ist ein Kindergartenkind, das „unsere Familie um den Ernährer gebracht hat".

Auf den Beistand ihrer großen Schwester – von der sie noch nicht weiß, dass die ihre leibliche Mutter ist – hofft Ulrike vergebens: Sie hat genau die blauen Augen ihres Vaters, wird ihm äußerlich ähnlicher, und an den möchte die Vergewaltigte verständlicherweise nicht erinnert werden.

Auch das Verhältnis der beiden Mütter, des sexuell missbrauchten Teenagermädchens zur Ehefrau des Täters also, ist herzlich hasserfüllt:

„Die Hure, die ihren eigenen Vater verführt hat" wächst nämlich, je älter und reifer sie wird, zu einer Rivalin ihrer Mutter heran. Immerhin ist sie ja die „richtige" Mutter der kleinen Ulrike.

Nur einer erhellt mit lichtvollen Liebesbriefen dieses düstere Szenario: Der Vater! Er sei auf Reisen, erzählt man Ulrike, und von dort schreibt er seinem süßen kleinen Mädchen sehnsüchtig erwartete Zeilen: „Ich freue mich zu hören, dass du brav betest. Wie schön."

Makaber genug: Der kriminelle Werbezeichner ist der Einzige, von dem das geschundene Kind Zuneigung erfährt. Entsprechend eng ist ihre innere Bindung an ihn.

Der Vater wird nach Hause entlassen, vergeht sich wieder an einem der Mädchen, kommt dieses Mal für vier Jahre hinter Gitter.

Ulrike betet brav, aber als sie zur Erstkommunion gehen soll, rät der Pfarrer davon ab. Es würde die Dorfbevölkerung zu sehr beunruhigen, wenn das blutschänderisch gezeugte Kind eines Häftlings da vorne am Altar im weißen Kleid mit Kerze das Abendmahl empfinge.

Kurz bevor der Vater von seiner zweiten Haftzeit heimkommt, (und dass ein untherapierter Wiederholungstäter an seinen

„Tatort Familie" zurückkehren kann, bemängelt damals offenbar niemand), sagt seine Frau der inzwischen elfjährigen Enkelin ohne Umschweife die brutale Wahrheit: „Deine Schwester, die im Heim war, ist deine Mutter!"

Mit elf versteht Ulrike die komplizierten Verwicklungen gar nicht, sondern ist zunächst einmal erleichtert und verbucht die Enthüllung positiv: „Endlich wurde mir bestätigt, was ich auf Grund ständiger Anfeindungen schon vermutet hatte: dass diese Frau gar nicht meine Mutter sein konnte!"

Umso inniger verehrt die Elfjährige ab jetzt ihre leibliche Mutter, bloß: Die ist schon seit Jahren weg. Lebt in Berlin, hat einen Freund und ist gar nicht glücklich, als sie ihrem Lebensgefährten eines Tages erklären muss, wer da überraschend zu Besuch gekommen ist.

Einen Freund hätte auch Ulrike gern, schließlich ist sie längst in der Pubertät. Aber: „Ich brauchte nur neben einem Jungen herzugehen, dann schrillten schon die Telefone, und besorgte Mütter tauschten sich darüber aus, ob Inzestschäden in zweiter Generation weitervererbt werden könnten."

Sie heiratet mit achtzehn einen jungen Mann, der ihrem Vater in vieler Hinsicht erstaunlich ähnlich und – mit diesem auch gut befreundet ist.

„Zwei dumme, unerfahrene Jugendliche flohen in eine viel zu früh geschlossene Ehe, und ich erkannte meinen tragischen Irrtum nicht, weil mein Vater ja in meiner Vorstellung immer noch der liebende Vater war, und ich an die große Vater-Tochter-Liebe glaubte." Diese erste Ehe scheitert schnell.

Als, viele Jahre später, Ulrikes inzwischen geschiedenen Eltern sterben und sie Einblick in die Gerichtsakten der Sechzigerjahre nehmen darf, zerbricht auch dieser Glaube: „Ich erkannte aus all den Protokollen und Dokumenten, dass es nie eine Vater-

Tochter-Liebe gegeben hatte. Meine bis dahin geglaubte Lebensgrundlage wurde mir entzogen, und das machte mich organisch krank. "

Ich begegnete Ulrike anlässlich einer Fernsehsendung und war – nach dieser Vorgeschichte – völlig verblüfft, eine freundliche, kluge und lebensbejahende Gesprächspartnerin kennen zu lernen. Eine Schriftstellerin erfolgreicher Lyrik und Prosa bei renommierten Verlagen, eine Mutter von drei Kindern, die sich ehrenamtlich in einer Selbsthilfeorganisation für Inzestopfer engagiert.

Kann jemand so viel Schädigung überhaupt seelisch überleben?, dachte ich.

Ja. Sie ist der Beweis. Jahrelange Therapien, steile und weite Wege der Klärung und Persönlichkeitsentwicklung mussten durchschritten werden; ihr Erwachsenenleben in den folgenden Jahren war streckenweise alles andere als leicht. Aber – sie hat es geschafft.

Kurz nach dieser ersten Begegnung mit einem Inzestopfer las ich in einer christlichen Zeitschrift den Satz: „Vergebung ist keine Kann-Option für uns, sondern ein klares Gebot Gottes. Wir machen uns schuldig, wenn wir es nicht tun!" Ich stellte mir vor, Ulrike bekäme das zu Gesicht.

Für mich ist sie ein Beispiel, dass man von niemandem verlangen kann, er „müsse" vergeben. Ich persönlich weiß auch nicht, ob Gott dies von Ulrike verlangt. Erst recht nicht nach den Erfahrungen, die sie mit einem Teil von Gottes Bodenpersonal gemacht hat.

Sie selbst – inzwischen aus der Kirche ausgetreten – nannte in der Sendung einen ganz anderen Grund, wenigstens gedanklich zu versuchen, was man weder „können" noch „müssen" muss:

„Ich habe meinem Vater und der Frau, die ich für meine

Mutter hielt, vergeben. Damit sie in Frieden ruhen, und damit meine eigene Seele nicht von Hass zerfressen wird."

Kapitel 12

Die Sache ist für mich erledigt!

*Von nächtlichen Schwelbränden
und Gottes Vergebung*

Als Papst Johannes Paul II. am ersten Passionssonntag des „heiligen" Jahres 2000 mit seinem Text „Mea Culpa" (Schuldeingeständnis) an die Weltöffentlichkeit trat, bekannte er im Namen der katholischen Kirche, dass sie im Laufe ihrer zweitausendjährigen Geschichte im Wesentlichen auf drei großen Gebieten vor Gott und Menschen schuldig geworden sei: dem Judentum gegenüber, den Andersdenkenden in ihren eigenen Reihen gegenüber und den nichtchristlichen fremden Völkern gegenüber.

Wörtlich bedauerte der Papst „die Anwendung von Gewalt im Dienste der Wahrheit" und „Methoden der Intoleranz, ohne Gespür für die kulturellen Werte der Völker". Das sind milde Umschreibungen für Judenpogrome, Hexenverbrennungen und Ketzerprozesse sowie die Unterwerfung Lateinamerikas durch Mission mit Feuer und Schwert.

Kritiker des päpstlichen „Mea Culpa" vom März 2000 meinten daraufhin, ein Schuldeingeständnis werde in dem Moment gegenstandslos, wenn Täter und Opfer tot seien und es niemanden mehr gäbe, der diese Schuld vergeben könne.

Wohl wissend, dass ihm bzw. der Kirche weder die Millionen Toten von einst vergeben können noch deren mandatslose Nachfahren im Namen ihrer getöteten Vorfahren, bat der Papst aber *Gott* um Vergebung. Und zwar für eine Schuld, die die katholischen Folterer und Mörder von einst gar nicht als Schuld empfanden: Sie handelten im Dienste der Wahrheit, wie sie die Wahrheit verstanden. Und müssen deshalb natürlich im Kontext ihrer jeweiligen Zeit und Lebenswelt beurteilt werden.

Mit dieser – historisch heiklen – Erklärung aber tat der Papst dreierlei:

Er dokumentierte ein Umdenken seiner Kirche, er bekräftigte die Tatsache, dass moralische Schuld nicht einfach „verjährt", und er erinnerte seine Kirche mahnend daran, dass vor dem ewigen Gott keine „Sache erledigt ist", wenn wir sie für historisch erledigt halten.

Der berühmte „Schlussstrich", der (meist zugunsten der Täter) gezogen werden soll, erweist sich in der Realität ja doch allzu oft als Semikolon oder Doppelpunkt. Meistens im Leben kommt noch etwas nach.

Während der Vorbereitung zu einer Sendung über das päpstliche „Mea Culpa" las ich Psalm 32, Verse 1 bis 4 in einer richtig schönen, altmodischen Übersetzung:

„Wohl dem, dessen Übertretungen vergeben und dessen Schuld zugedeckt ist! Wohl dem Manne, dem der Herr die Schuld nicht anrechnet und in dessen Herz kein Falsch ist. Da ich es verschwieg, zerfiel mein Gebein ob meines unablässigen Stöhnens, denn Tag und Nacht lag deine Hand schwer auf mir, vertrocknet war mein Lebenssaft wie durch die Glut des Sommers."

Hier gibt es zwei handelnde Personen. Und die „decken Schuld zu". Mit höchst unterschiedlichem Erfolg allerdings:

„Freuen dürfen sich alle, denen *Gott* ihr Unrecht vergeben und ihre Schuld zugedeckt hat", heißt es zunächst. – Warum?

Ganz einfach: „Denn als *ich* es verschweigen wollte, wurde ich krank und meine Lebenskraft vertrocknete."

Entscheidend ist also, wer da die Schuld vergibt. Wer die Glut austritt, die unsere Lebenssäfte, die „humores naturales", vertrocknen lässt.

Ist eine Sache erledigt, wenn sie für alle Beteiligten und die Historiker erledigt ist? Nein, sagte Karol Wojtyla alias Johannes Paul II. ganz klar – und wandte sich an Gott.

Wie erlebe ich das? Ist eine Sache erledigt, wenn sie „für mich erledigt" ist?

Nein, allein die Tatsache, dass *ich* mir eine Sache „aus dem Kopf geschlagen" habe, erledigt sie natürlich nicht. Ganz handfest und beinahe lebensgefährlich erlebte ich das selbst vor Jahren so:

Als ich frühmorgens auf die Terrasse hinausging qualmten aus einem der grünen Plastikblumenkästen an der Holzumrandung Rauchwolken hervor! Der gestern noch rechteckige Behälter hatte sich nach unten hin zu einem sackartigen Euter verformt, aus dessen Zitzen zähflüssiger Kunststoff tropfte. Er stank widerlich und war glühend heiß. Was war passiert?

Ich hatte tags zuvor, in Ermangelung eines Aschenbechers, die letzte Pfeife des gemütlichen Sommerabends in den Blumenkasten ausgeklopft. Diese Restglut musste in dem trockenen Gemisch aus Torf und Blumenerde einen Schwelbrand ausgelöst haben, der sich die Nacht über bis durch den Boden des Blumenkastens gefressen hatte.

Die Holzpaneele, die Gartenmöbel – unsere ganze Wohnung hätte abbrennen können, während wir schliefen!

Ich frage mich manchmal: Hinterlässt mein Tun und Lassen im Alltag auch sonst noch gefährliche Reste, die sich beängstigend selbstständig machen könnten?

Ist eine Sache erledigt, wenn sie „für mich erledigt" ist?

Sind glühender Zorn, flammende Vorwürfe, heiße Leidenschaften tatsächlich unschädlich gemacht, wenn ich sie mir „aus dem Kopf schlage"? Oder gibt es durch mein Fehlverhalten unsichtbare Schwelbrände, bleiben verborgene Langzeitwirkungen zurück, entstehen psychische und soziale Zeitbomben?

Ich mache Fehler. Ich verletze andere. Ich bleibe Frau und Kindern, Freunden und Kollegen vieles schuldig. Ich erliege Versuchungen. Ich kann ungerecht sein und lieblos. Ich mache mich manchmal übler Nachrede und vorteilhafter Halbwahrheiten schuldig. Kurz: Ich sündige. Und bin darauf angewiesen, dass nicht immer alles „so kommt, wie es kommen muss", sondern dass ich „noch mal davonkomme". Weil mir vergeben wird. Weil Menschen mit mir nachsichtig sind und Gott mit mir gnädig ist. Weil er, wenn ich bereue und bekenne, meine „Schuld zudeckt".

Wer sein Schuldigwerden und Schuldigbleiben leugnet, kleinredet, schönfärbt; wer verschweigt und vertuscht, der findet zwar kurzfristige Erleichterung, aber keine dauerhafte Sicherheit. Und befreites Aufatmen schon gar nicht.

Auch locker dahergeplauderte Beichten und süffisante „Bekenntnisse" in der Boulevardpresse sind nicht das, was der Psalmbeter tief greifend und nachhaltig erlebt hat: den Dreischritt „Bekennen, vergeben und die Schuld zugedeckt bekommen" nämlich.

Die Frage ist doch, wer unsere gefährlichen Hinterlassenschaften so gründlich „zudeckt", wer das Feuer so nachhaltig austritt, dass kein Schwelbrand mehr entstehen kann.

„Gott meine Verfehlung zu bekennen", kostet Mut, sicher. Kostet aber weniger, als wenn die „humores naturales", die Lebenssäfte, vertrocknen. Humorlose, verkniffene, verbitterte Leute, von Fassadenhaftigkeit oder unterdrücktem Hass gezeichnete Gesichter gibt es doch genug.

Ich habe rund hundertfünfzig Fernsehgespräche mit jeweils zwei bis fünf Gästen moderiert und dabei so viel von tragischen Kindheiten, herrischen Vätern, erdrückenden Müttern, intriganten Geschwistern und falscher Partnerwahl gehört, habe so viel über Ehefrust und Seitensprung, psychosomatische Krankheiten, Depression und Suizid erfahren, dass ich das befreite Aufseufzen von Psalm 32 gut nachvollziehen kann:

„Freuen dürfen sich alle, denen Gott ihr Unrecht vergeben und ihre Schuld zugedeckt hat."

Ulrich Giesekus

Liebe, die gelingt
und den Alltag besteht

128 S., Paperback, mit vielen Illustrationen
von Jan-Philipp Buchheister,
ISBN 3-7655-1341-5

DAS Buch für Pärchen, glückliche Paare – und alle, die es werden wollen!

- Superpraktisch
- Einfühlsam
- Realistisch
- Frisch & mit Humor geschrieben

„Ich schätze diese ‚Gebrauchsanleitung für das Leben zu zweit' wegen der Kompetenz und Erfahrung des Autors, seiner Offenheit – auch bei Tabuthemen – und wegen des ehrlichen Tons. Einfach überzeugend und Mut machend!"

Petra Lütjen in „dran"

Das ideale Geschenk, auch für frischgebackene Paare – oder zum Hochzeitstag!

BRUNNEN VERLAG GIESSEN
www.brunnen-verlag.de

Andreas Malessa / Ulrich Giesekus

Männer sind einfach

... aber sie haben's nicht leicht

160 S., Paperback,
ISBN 978-3-7655-1398-5

Was bedeutet es heute, Mann zu sein? Alte Rollen sind passé, den Lebensrahmen muss sich jeder selber zimmern. Das birgt große Chancen. Der Psychologe Ulrich Giesekus und der Theologe Andreas Malessa zeigen, was Mannsein in unserer heutigen Gesellschaft bedeutet und wie Männer zu neuen Horizonten aufzubrechen können. Eine kräftige Motivation für jeden Mann und ein Buch für alle, die Männer besser verstehen wollen.

BRUNNEN VERLAG GIESSEN
www.brunnen-verlag.de

C. S. Lewis

Über den Schmerz

160 S., Taschenbuch,
ISBN 3-7655-3355-6

„Vielleicht ist diese Welt nicht die denkbar beste, aber es ist die einzig mögliche."

„Ich halte das Buch über den Schmerz nicht nur für das bedeutendste Werk von C.S. Lewis; vielmehr glaube ich, es dürfte schwer sein, in der gesamten philosophisch-theologischen Literatur unserer Zeit eine Schrift aufzutreiben, die so umfassend, klar, anschaulich, heiter und zugleich ernst von den für den Menschen wichtigen Dingen spricht."

Prof. Josef Pieper

BRUNNEN VERLAG GIESSEN
www.brunnen-verlag.de